JN086730

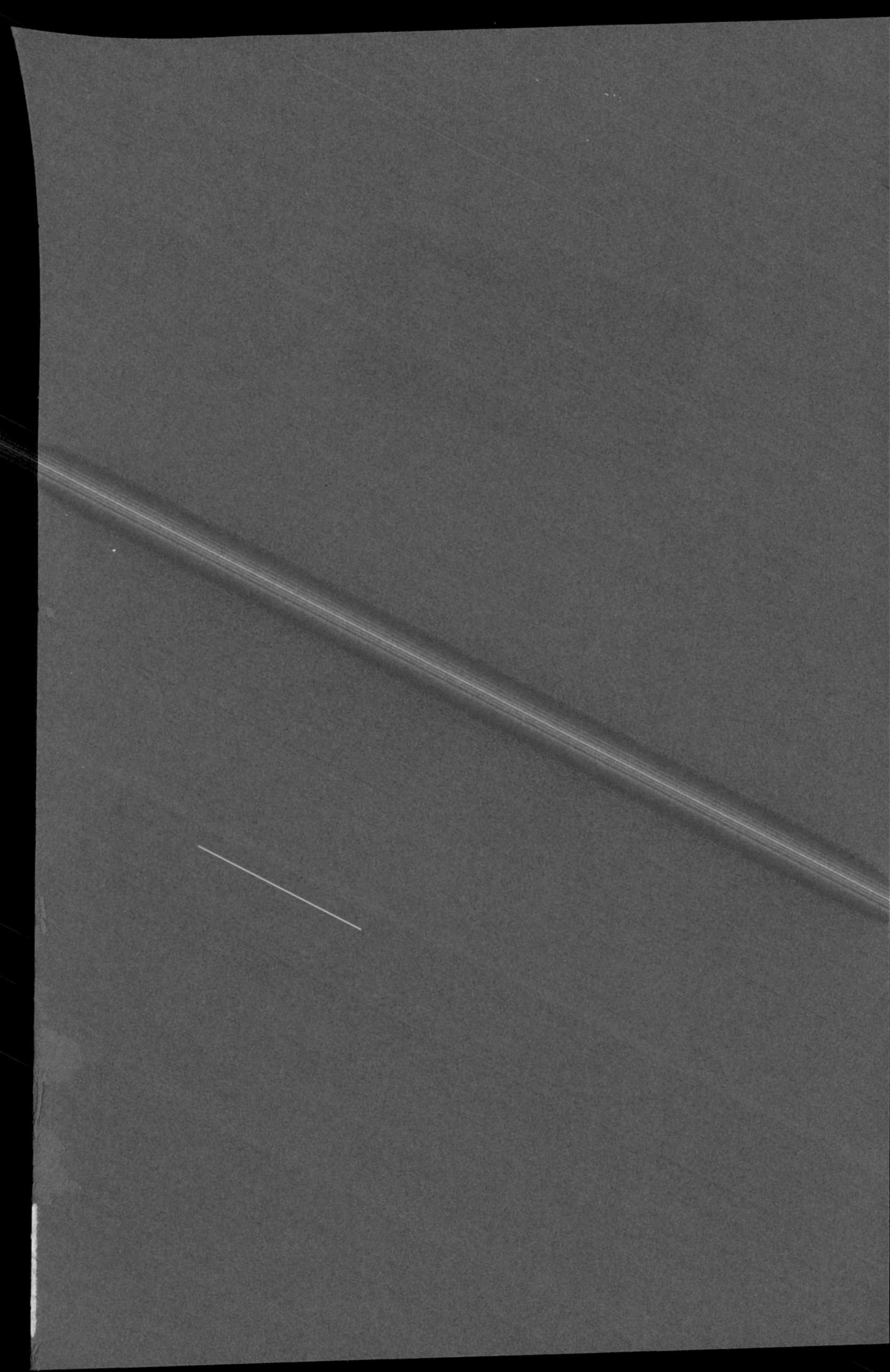

習近平・独裁者の決断

台湾有事は絶対に現実化する

石平×峯村健司
Seki Hei　Minemura Kenji

ビジネス社

まえがき

この度、峯村健司さんとの初対談が実現し、1冊の本として出版されることとなった。

峯村さんのことは当然、以前から存じ上げている。新聞記者の現役の時代、中国政治や米中関係の内幕に関する大スクープ記事をいくつも世に送り、ボーン・上田記念国際記者賞、新聞協会賞を受賞された人物である。特に中国関連の氏の署名記事を読むと、闇の真相に迫っていくその取材力と分析力の凄さにはいつも舌を巻く想いがあった。

その峯村さんと対談できるのは私にとって大変嬉しいことであるが、よく考えてみれば、出版社の肝煎によるこの対談の組み合わせは実に面白い。私はとくに産経新聞社の人間ではないが、今まで十数年間産経新聞で連載コラムを書き、普段は「産経系言論人」のひとりに数えられているようである。一方の峯村さんは長年朝日新聞記者として活躍し、世の中には「朝日出身者」として認識されている。

このような2人が中国問題で対談すること自体は「事件」であると言えなくもない。今まで対談本を数十冊も出した私自身にしても、こんな対談体験は初めてのことである。

そういう意味では、初対面の峯村さんとの対談は、冒頭からまさに新鮮さに満ちていて大変刺激的なものであったが、実は、私たちの対談はある程度の深さに入っていくと、そこにはもはや、「朝日と産経の違い」とかが挟んでくる余地はまったくなかった。私たちの間で展開されていたのはもっぱら、真剣勝負の言葉のやりとりによる中国問題への斬り込みであって、そのやりとりの背後にある、真相と問題の本質にどこまでも迫っていきたいという私たちの執念の深さが現れていた。

したがって峯村さんとの対談は私にとっては大変貴重な勉強の機会となり、まさに「学びの道場」そのものとなった。このような対談の結果としてまとめられたのが、今は皆様の手元にあるこの1冊である。

本書の目次にいちど目を通していただけたらすぐに分かるように、私たちの対談の内容は、中国の政治・経済・社会、そして米中関係・台湾有事など、いわば「中国問題」の全般に及ぶものである。

その中で私たちは、それぞれ違った角度の考察から、そして討論という共同作業から、次のことについては、ほぼ同じ意見に達している。習近平ワンマン独裁体制の確立から生まれてくるのは決して政治と社会の安定ではない。むしろこのような極端な独裁体制から生じてくる弊害によって、中国はますます政治的混乱に陥り、社会的不安がどんどん拡大してくること、そして国内の不安拡大に伴って習近平政権はますます、台湾侵攻という世紀の冒険に打って出るよう駆り立てられていく、ということである。

対談の中で私自身が特に勉強になったのは、かつては朝日新聞アメリカ総局に勤務し、米中関係の専門家でもある峯村さんが語ったアメリカ政財界のエリートたちの対中国認識の変化とその内実であり、アメリカという国全体の現在と今後の対中姿勢に対する鋭い観測である。その一方私は、文革以来の中国の激動の時代での自分自身の体験を踏まえて、習近平という独裁者の異常な人格に対する「精神分析」を試みた。そしてこの話はまた、私たちの間のホットな話題の1つとなっている。

本書の内容に対する紹介はこれくらいに留めておいて、後は読者の皆様の読む楽しみに取っておくが、最後に1つ付け加えると、この対談本がすでに編集段階に入った2023年2月初旬、中国の偵察気球が米軍によって撃墜されるという衝撃的な事件が起きた。そしてそれを受け、私たちは急遽、オンラインで追加の緊急対談を行ったのである。その中で、峯村さんはこの出来事に対するアメリカ側の受け止め方への観察から、「気球事件」の今後の米中関係に対する重大にして深遠なる影響を説いてくれたが、それはまさに、本書の締めに相応しい素晴らしい内容であると思う。

そういう意味においても、峯村さんとの共同作業でこの対談本が出来上がったことは本当に良かったと思うし、そしてこの1冊は必ずや、中国問題や米中関係に対する読者の皆様の理解を深めるための一助となることを確信している次第である。

最後に、私との対談に快く応じて下さった峯村健司さんと、対談を企画して下さったビジネス社の皆様に心からの感謝を申し上げたい。そして何よりも、本書を手にとっていただいた読者の皆様にただひたすら、頭を下げて御礼を申し上げたいところである。

令和5年3月吉日

奈良市西大寺周辺独楽庵にて　石　平

習近平・独裁者の決断――目次

第1章 盤石となった一強体制

第2章 迷走必至の政権運営

第3章 習近平とは何者なのか？

第4章 白紙革命が共産党支配を揺るがす

第5章 沈みゆく中国経済

第6章 確実に築かれてきた中国包囲網

第7章 台湾有事は現実化する！

終章 偵察気球が導く米中断絶

※本文中の敬称は略させていただいた

第1章

盤石となった一強体制

実現してしまった常務委員人事の最悪シナリオ

峯村　２０２２年10月16日から22日までの７日間、北京で第20回中国共産党大会が開かれました。５年に１度の中国共産党大会は党の指導体制や基本方針についての最高意思決定機関です。

党員約９５００万人のうち約２３００人が代表として出席する党大会では、約２００人の中央委員と約１５０人の中央委員候補が選ばれます。さらに中央委員による中央委員会も開かれ、政治局員25人と、そのなかから最高指導部である常務委員会の常務委員７人が選ばれるのです。常務委員のトップが総書記なので、中国では党および国家の最高指導者が総書記ということになります。

ただし党大会や中央委員会で選ばれるというのはあくまでも建前です。その前にすでに具体的な人事は内定しています。

石　最高指導部の人事は全部権力闘争の結果であって「選挙」は単なる演出ですね。

峯村　そういうことです。新しい常務委員は総書記の習近平のほか李強、趙楽際、王滬寧、蔡奇、丁薛祥、李希に決まりました。現体制から李克強、栗戦書、汪洋、韓正が抜けて、趙楽際、王滬寧が留任し、李強、蔡奇、丁薛祥、李希が新しく入ったわけです。

また、常務委員入りも有力視されていた胡春華が政治局員からも外されました。政治局員はこれまでの25人ではなく24人へと減ってしまいました。

石　習近平は念願の続投を果たして3期目を迎えました。しかし予想以上に個人独裁体制を強化したのには驚きました。常務委員会を側近・取り巻きで固め、対立派閥の共青団（共産主義青年団）派の幹部を指導部から一掃し、まさにワンマン独裁体制を盤石にしたと言えます。党大会後に誕生した新しい最高指導部の顔ぶれを見ますと、趙楽際と王滬寧の2人は習近平の子分ではなくてもかねてからの協力者であり、王滬寧は一種のブレーン、趙楽際は過去5年間、腐敗撲滅運動によって党内や軍の大物を摘発し習近平氏の権力基盤強化に貢献してきました。

他の4人は全員、習近平氏の子分であることは国内でも広く知られています。しかも彼が福建省や浙江省あるいは上海でトップを務めた時代の忠実な部下であって、党総書記になってから中央に抜擢されました。だから忠誠心を捧げる相手も習近平しかいません。

共産党という党員9500万人の大政党の最高指導部が、習近平とその6人の協力者・

子分によって完全に独占されたことになります。

峯村　新指導部の顔ぶれを見ても、毛沢東以上の一強体制が完成したと言っていいでしょう。

石　まさしく共産党が成立して以来、初めての事態です。毛沢東時代でさえこれほど偏った権力の独占状態は実現しませんでした。

例えば、中国の最高国家行政機関である国務院のトップとして首相（国務院総理）を務めた周恩来は、毛沢東の忠実な部下で協力者ではあったものの、毛沢東の子分になったことは1度もないのです。ところが今回、李克強の後に首相となった李強は、習近平の子分以外の何者でもありません。

今後、重大政治案件や人事に関して常務委員会による多数決は事実上なくなり、習近平だけがすべての意思決定を行うことになります。

峯村　習近平に苦言を呈したりブレーキ役になったりする者もいませんね。だから習近平が台湾統一のために武力を使うと決めれば、そのまま中国は戦争に突入していくことになるでしょう。暴走しても止められない。

石　台湾への武力侵攻の可能性もますます高まりました。

しかし改めて言うと、今回の常務委員のメンバーの名前は全体として私にとって非常に意外だったのも事実です。まさか李克強も汪洋も最高指導部から排除され、胡春華が入らないとは思いませんでした。

一方では頭の悪い無能なメンバーが選ばれました。特に私がこれまでけっこう貶してきた蔡奇がいるとは驚きです。あんなアホな奴は共産党のなかにはいくらでもいますよ。日本なら新橋などの飲み屋で飲んだくれているようなおっさんだ。

それにしても、なぜこれほどの極端な人事ができたのか、あるいはしてしまったのか、お考えを伺いたい。

峯村 何でここまでの独裁体制ができたのか、ですね。私は昨年8月の北戴河会議から党大会に至るまでの間で、いくつかの常務委員会の人事パターンをつくりました。今回の人事も完全に予想していましたが、すべてのパターンの中で最悪と言える顔ぶれで、実現する可能性も低いとみていました。

石 最悪のシナリオを想定できたのですか。

峯村 できました。シナリオのパターンは14~15通りつくりました。そのシナリオに今回の人事もあったのです。でも、現実には絶対に実現しないと信じていましたが。

石　ありえないと？

峯村　正直言ってあり得ないと思っていました（笑）！

石　にもかかわらず、現実となってしまったのですね。

峯村　まさにそうです。まあ、習近平はそれを選ぶはずがないと考えていました。

党大会の閉幕式で途中退場させられた胡錦濤の異様なシーン

峯村　党大会での習近平の政治報告演説は前回大会の半分ほどの1時間45分で、特に力が入っていたのは台湾政策のところでした。それについては後で触れるとして、他のほとんどの政策はこれまでの路線の踏襲に留まっていました。

であればこそ、党大会の閉幕式で起きた1つの出来事、すなわち前総書記の胡錦濤が途中で退場させられたことが、今回の最も印象的なシーンになったのです。

石　それこそ共産党史上で前代未聞の衝撃の一幕ですよ。外国人記者も入った衆目監視のなか、習近平の指示によって胡錦濤が退場させられたのには、画面を通して見ていた世界中の人々も非常に驚いたと思います。

その映像を見た私の理解では、胡錦濤が新しい人事が記載されている名簿を確認しようと手を伸ばしたところ、隣に座っていた習近平側近の栗戦書が邪魔して名簿を取り上げました。胡錦濤は栗戦書と言い争い、さらに習近平の書類にも手を伸ばそうとした。習近平はこれ以上騒ぎが大きくなることを恐れ、中央弁公庁の副主任に目線で何かを指示したら、精悍な若い男がやってきて、物理的な力で胡錦濤を強制的に退場させたのです。これがカメラの前で堂々と展開されたのでした。

峯村　そんなことが起こるなんてやはり想定できなかったので、個人的にもショックでしたね。と同時に、習近平3期目の行方を分析するのに非常に注目すべき事件でもありました。

いちばんよく写っていたのがシンガポールのメディアによる映像で、私はそれを最初から最後まで数十回見て、分析をしました。

最初に、おかしいと感じて動いたのは実は王滬寧でした。何か変だという形で動き始めました。これに習近平も気づいて、中央弁公室の副主任に「何とかしろ」と目配せをすると、胡錦濤の専属ＳＰが来て胡錦濤を退場させたのです。習近平本人や取り巻きを動きを見ても、用意周到に準備していたわけではなく、「大変だ、どうしよう」という動揺ぶりが見てとれました。

石　途中退場したのは「胡錦濤の体調が悪くなったから」とか「もともと認知症だったので」と言う日本の中国専門家もいます。しかし、やはり習近平たちの反応はおかしい。そんな病気のせいではありません。

峯村　私は実は中国問題に関して対談をお引き受けするのは今回が初めてなのです。というのは、日本における一部の中国専門家による中国の内政分析が私には合わないからでした。

今回の事件でもそんな中国専門家の大多数は、「病気で途中退場した」という中国国営の新華社が報じた話を信じています。一方、石さんは最初から「病気などではない」とおっしゃった。凄いな、ぜひ対談したい、と思ったのです。

石　それは、どうもありがとうございます。

峯村　先日、私はワシントンに行って、これまで長く付き合ってきたアメリカの中国専門家たちと意見交換をしました。胡錦濤の途中退場を「日本の専門家はどういうふうに見ているのか」と聞かれたので、「病気のせい、あるいは認知症があったから、というのが主流の考え方だ」と答えたら、向こうの専門家たちは「日本の専門家はあまりにも稚拙だ」

と言って鼻で笑っていました。

石　胡錦濤が退場させられた場面の周辺の反応を見ただけでも病気じゃありませんよ。李克強も汪洋も近くにいました。2人とも胡錦濤と親しいのだから、病気なら声をかけるとかそばに寄るとか、何か心配するアクションを起こすはずです。それがどちらも気にかけていなかった。

峯村　だから面白かったのは、あのとき胡錦濤と親しい人たちほど能面のような表情をしていたことです。反対に親しくない人たちが、何をやっているか、という怪訝な顔で胡錦濤を眺めていました。そういう状況証拠からしても病気などではありません。

それに党大会は5年に1度のいちばん重要なイベントです。少しでも病気のリスクのある幹部を出席させることはありません。確かに胡錦濤は2015年くらいから体調が悪いと言われていました。しかし今回の党大会では開幕式にもフルに出ていました。一方、健康を害していた江沢民など有力な長老が相次いで欠席するなかで大きな存在感を示していたのです。それなのに大会中に病気が悪くなるのはおかしい。実際に悪くなったとしたら絶対に閉幕式には最初から出しませんよ。

石　もし病気での退場ならそれが誰にでもわかる形にしますね。例えば医者や看護師を呼び寄せます。退場することになれば、医者や看護師が優しく手を差し伸べて外に連れて行きます。ところが、実際には大の男が後ろから抱えるようにして連れ出して行ったのです。

この光景は、中国の専門家かどうかは関係なくて、普通の常識のある社会人が見ても異常ですよ。異常さを感じないとしたら、まさに異常だ。日本の「中国専門家」たちにも結構アホが多いのでしょうか。

峯村　単純な病気説ではないという状況証拠はまだあります。私はあの事件が起こった直後に、中国の検索エンジンの百度（バイドゥ）で調べたのです。胡錦濤というキーワードを入れても、たった25件しか出てきませんでした。公式発表の記事以外は全部削除されたのです。かつての指導者が一時とはいえたった25件ですよ。あり得ません。本当に病気だったら、名前を消す必要もないはずです。

ちなみに25件のうちの１件に私が出てきます。２００８年の訪日前に胡錦濤をインタビューしたときの写真で、まだ若く初々しいときの私の姿も写っています（笑）。

石　中国のテレビも絶対にあのような映像を流さないから、中国の庶民は胡錦濤が退場させられたことを知りません。

峯村　ただし同じ中国人でも、私が入っているSNSの微信（ウィーチャット）のグループの人たちはあの映像を見ていました。中国のネット規制を破ったりすることができるのでしょう。

覆ってしまった習近平と胡錦濤との北戴河会議での合意

石　病気ではないのであれば、胡錦濤の意図的な行動があの事件につながったということになります。

峯村　胡錦濤にとって今回の人事は承服できなかったのです。だから、「ふざけるな」とあのような行動をすることで、暗に異議を唱えた蓋然性が高いと私は考えています。とりわけ、自分がいちばんかわいがってきた胡春華を常務委員にしなかったことに怒ったのです。共青団を長年率いてきた胡錦濤にとって、胡春華は共青団のホープでした。

そこで今回の人事を考えるときには、やはり昨年8月に開かれた北戴河会議をしっかりと分析するべきでしょう。北戴河は北京から東へ約300キロ離れた河北省にある渤海を望む街です。毎年夏になると歴代の高官らが集まる避暑地として知られています。

海沿いの小高い森のなかには白壁の洋館風の建物が立ち並ぶ一角があって、そこは毎夏になると立ち入りが厳しく制限されるのです。沖合では艦船も警戒にあたります。松林に覆われたのどかな雰囲気とは裏腹に、連日、大小さまざまな会議が開かれ、党の重要政策や人事について密かに話し合われるからです。ただその内容が表に出ることはなく、会議が開かれたことも公表されません。

これが北戴河会議で、習近平をはじめ共産党や政府の高官に加え、引退した党幹部も参加します。引退した党高官にとっては、重要な政策や人事に口出しして影響力を発揮できる唯一の場でもあるのです。

北戴河会議は毛沢東時代の1950年代から続けられてきました。共産党の実力者だった鄧小平は会議の目的について「我々はふだん忙しいので、夏は海辺で心身を休める制度を始めた」と日本の要人に語ったことがあります。

なかでも党大会が開かれる年の北戴河会議では新政権の人事が話し合われるので特に重要なのです。

石　昨年の北戴河会議がまさにそうだったので、人事が最大の焦点でした。

峯村　秘密の会議とはいえ、私がさまざまな手法で取材し各方面からウラを取ったところによると、昨年の北戴河会議で内定した常務委員のリスト案には胡春華が入っていました。会議に出席していた胡錦濤もそのリスト案を了承していたのです。

ところが、蓋を開けてみると、今回、胡春華は常務委員になれなかったどころか格下の中央委員に降格すらされました。この衝撃たるや、共産党の外部ではもちろんのこと、内部でもかなり大きなものがあります。

石　私がいろいろな形で得た情報でも、北戴河会議で習近平派と共青団派の妥協ができていました。共青団派が習近平の続投を認めるとの引き換えに、李克強も汪洋も最高指導部に残る、という妥協でした。理屈で言うと、この2人よりも年上である習近平が引退しなければ常務委員に李克強と汪洋が残ってもおかしくありません。そのうえで新しく胡春華が常務委員に抜擢されれば、バランスの取れた人事になるということだったのです。

峯村　それが一転して「最悪のシナリオ」の人事になってしまいました。

石　私の得た情報をもっと詳しく話すと、北戴河会議では党大会に向けて、胡錦濤や現役の李克強を中心とした共青団派と習近平派の間で激しい駆け引きが展開されました。その結果、1つの取引が成立したのです。

すなわち、共青団派が慣例を破る習近平の総書記と国家主席の続投に同意し、引き換えに、習近平派が李克強と汪洋の常務委員留任を認めるというものでした。さらに合意の一部としては今年３月の、日本なら国会にあたる全人代（全国人民代表大会）で李克強が首相を辞めて全人代委員長になり、汪洋が首相に就任することも決められました。

だから、昨年10月の党大会はまさにこの合意を前提に開かれたものだったはずです。逆に言うと、合意があったからこそ大会を開くことができました。当然、党大会が開幕した時点ではこの合意は有効だと共青団派の人々も信じていたでしょう。

峯村　北戴河会議で人事に関する暗黙の合意があって、その前提のうえで党大会が開かれる。これまでなら全部そうでした。

石　しかし習近平たちは合意の前提で開いた党大会のギリギリの場面で人事をひっくり返しました。

たとえ恩人であっても異を唱える者は許さない

石　人事が変わった背後には何があったと思いますか。

峯村　それについて胡錦濤にフォーカスして説明します。胡錦濤は鄧小平に抜擢されており、改革開放などの政策を受け継いできました。ところが最近の習近平のやり方に対しては、「あまりにも鄧小平路線から逸脱している」と危機感を抱いたようです。
それで北戴河会議では、「習同志に意見がある。我が国は平和的発展の道を揺るぎなく歩み続け、改革開放政策は基本国策であり、堅持しなければならない」と習近平に苦言を呈したのでした。
だから、先日ある月刊誌に寄稿した記事でも最後を「長老のなかで依然として力を持っている胡錦濤が北戴河会議で習近平の政権運営に反対した。だから今後も共産党内である適度影響力を残すだろう」と締め括ったのです。執筆の段階では胡錦濤の〝退場〟は予測していませんでした。

石　胡錦濤が習近平の政権運営に不満を持っているというのは、私にもよく理解できます。

峯村　改革開放政策を重視してきた胡錦濤にとっては、経済合理性を無視したゼロコロナ政策や、国有企業を優遇して民間企業を排除する習近平の政策が許せなかったのでしょう。

石　胡錦濤時代には、民間企業のやり方にほとんど口を挟まなかったですからね。

峯村　実はもう１つ大事なポイントがあります。共産党については、日本メディアを中心に相変わらず、「習近平対胡錦濤」という権力闘争の構図で説明されています。

しかしこれは現状を捉えているとは言えません。むしろ日本の中国理解を歪めている、とすら私は思います。もちろん習近平が２０１２年の党大会で総書記になるまではさまざまな権力闘争はありました。しかし、習近平がトップとなった２０１２年以降、こうした「権力闘争観」は過去のものになったと思います。

この時、胡錦濤は総書記をはじめ国家主席、軍事委員会主席という3つの主要ポジションから退いて、習近平に譲りました。最大の理由は、自分がトップだった10年間、院政を敷いていた江沢民に邪魔をされて思い通りの政権運営ができなかったからです。だからこそ、胡錦濤は自らは全面引退をして院政をせずに陰ながら習近平を支えてきたのです。

石　そんな胡錦濤が北戴河会議で異議を唱えたのは異例と言えば異例だったということですね。

峯村　なので私も北戴河会議での胡錦濤の反対表明には驚いたのです。彼が引退した後に出てきて文句を言ったというのは私が知る限り初めてのことでした。

しかし習近平にしてみれば、誰からであっても自分の政権運営に文句を言われるのは面白くないわけです。それが2期10年間を支えてくれた恩人であってもです。胡錦濤が初めて異を唱えたことが、北戴河での人事がひっくり返ってしまったことの伏線にあるのではないでしょうか。

そういう意味から、胡錦濤が習近平の政権運営に異議を唱えた昨年の北戴河会議が、胡錦濤強制退去事件のすべての始まりだったのだと思います。

石　習近平はすでに、誰であっても自分に反対する者は許さないという姿勢になっていたのですね。

峯村　江沢民は総書記と国家主席を退いた後も1年半ほど軍事委員会主席の座は手放しませんでした。胡錦濤はその院政に苦しんだのです。習近平は胡錦濤からすべての主要ポストをすぐに譲り受けたお陰で、院政の影響を受けずに、権力基盤を急速に固めることができたのでした。

こうした胡錦濤のサポートがあって、習近平は2021年には毛沢東、鄧小平に続く「歴史決議」を採択して3期目の続投へと道を開くことができたのです。胡錦濤は習近平にとっていわば恩人とも言える存在でしょう。

石　にもかかわらず、人事で裏切った。

峯村　あれだけ世話になった先輩に対してあのような仕打ちをすることは、目上を重んじる儒教社会では異例のことです。

閉幕式に海外メディアが入って胡錦濤は「歌舞伎」を演じた

石　では、胡春華が外されることを胡錦濤が知ったのはいつでしょうか。

峯村　党大会閉幕式の直前だったと思いますね。

石　土壇場になって暗黙の合意が反故にされたということですね。

峯村　昨年末にワシントンで意見交換をしたアメリカの当局者や中国専門家らとの見解とも一致しました。党大会の閉幕式で胡錦濤は最後の抵抗の意思を示したのです。

石　あのとき、習近平たちにとっては外国メディアのカメラが閉幕式に入ったのは計算外だったわけですね。

峯村　そう思います。逆に胡錦濤は計算していたと思います。

石　なるほど。

峯村　まさに絶妙じゃないですか。外国のメディアなどが会場に入ってきたタイミングで胡錦濤が動き出しました。周囲の高官らも慌てていましたよね。

石　外国のメディアの目の前での彼の行動は習近平派に対する最後の戦いとなったのですね。

党大会の閉幕式は午前9時から始まりました。途中でしばらく休憩があって、その時間に外国メディアが入ってきました。そこで胡錦濤が動いたのですから、1つの可能性としては彼が全体の人事を知ったのは閉幕式が始まった後ではないかということです。

峯村　それには諸説があります。投票は閉幕式前日に行います。そのときに人事はわかっていたはずだと言う人もいます。一方、当日になってわかったのではないかと言う人もいますね。

石　人事がひっくり返されてしまったのは党大会のときなのか、それ以前なのか。

峯村　たぶん党大会の閉幕式のほぼ前夜までは、私は北戴河会議で決めた人事が維持されていたと見ています。

石　私もそう思いますね。

峯村　ですが、それは大事ではないと私は考えているのです。

各国の専門家らと意見交換をして、北戴河会議で決まっていた「暗黙の了解」が覆されたため、それに対して閉幕式に海外メディアが入ってきた段階で胡錦濤は「歌舞伎を演じた」という見方でほぼ一致することが重要なのです。

石　なるほど。北戴河会議での人事の合意を覆したことが一種のクーデターだとすれば、やはりそれに、彼は最後の抵抗を示したことになりますね。

では、人事に手を加えたのは誰でしょうか。党大会の秘書長は王滬寧、副秘書長は陳希でした。この２人が日本語で言えば「下手人」ということになるかもしれません。

峯村　可能性はあるでしょう。王滬寧については私もずっと見てきています。なかなかの人物です。

石　王滬寧こそ、いろいろな意味での黒幕ではないでしょうか。

峯村　私もそう思います。

石　あるいは、ひょっとしたら習近平を後ろで操っているのではないか。

峯村　否定しません。

石　共産党のラスプーチンみたいな人物だ。

峯村　おっしゃる通りです。私が中国にいたときに、胡錦濤時代の首相だった温家宝は凄いと言われていました。なぜかというと、過去３代にわたって中央弁公室主任を務めたからです。中央弁公室主任は日本で言えば官房長官に相当します。温家宝は考えや政策が異なる3人の上司にすべて合わせることができたのです。凄いというのは、よほど悪い奴だという意味も含まれています。その点でいうと、王滬寧はそれ以上ですね。

石　彼の役割は習近平にとって中央政治とは何かを教える師匠みたいなものでしょう。習近平が中央に上がる以前から、彼はずっと共産党中枢部にて江沢民や胡錦濤のことをすべて知っている立場でした。

峯村　それ以前は上海の名門である復旦大学の教授をしていて、1995年に江沢民から見出されて党中央入りしました。重要政策を研究する中央政策研究室に勤務し、「3つの代表重要思想」を理論面で支えました。江沢民のほか胡錦濤、習近平の3代の総書記に仕えたことから「三代帝師（3代に渡る皇帝の先生）」という異名も持っています。

実は私も1度だけ彼にインタビューをしようとしたことがあります。2008年5月、訪日を控えた胡錦濤にインタビューする機会がありました。その際、待機時間があったので、たまたま近くにいた王滬寧を見つけました。当時、まだ中央委員に過ぎずほとんど知られていませんでした。

そこで私はすかさず声をかけ、「あなたはブレーンとして、今回の訪日にどのような成果を期待していますか」と尋ねたところ、彼は真っ青な顔をして首を横に振り、胡錦濤の側近であり中央弁公庁主任だった令計画のほうを指して、「私は外交についてはわからない。令主任に聞いてくれ」と小声で言い残して慌てて走って逃げました。

おそらく当時、まだメディアには慣れていなかったのでしょう。すごく慎重で小心者だという印象を受けました。

他にも記者がいましたが、王滬寧に気づいて声をかけたのは私だけでした。私の取材手法はそれなのです。いつも、休憩のときやトイレに行ったりしたときに相手を捕まえて聞くようにしています。

石　不意打ちですね。

峯村　そうです。でも不意打ちであんなにビビって逃げた人は初めてでした。だからこそ、ただ者ではないという雰囲気も感じました。

とはいえ、そもそも王滬寧は共産党のビック・ピクチャーを描いたりする人物ではありませんが、優秀な能吏であり学者です。政策をつくったりスローガンを生み出したりするほか、習近平の意をくんで裏で工作をするのが得意なのでしょう。

バサバサと合理的にやっていくのが習近平体制

石　人事がひっくり返ったことに対して、李克強たちはそれほど純情なのでしょうか。習近平からクーデターをされるままに何も反抗せず、何も意思表明をせず、自分たちの親分である胡錦濤が退場させられた場面でも、自分には関係ないという態度を示しました。すごくビビっていたのでしょう。

峯村　みなさんの顔が引きつっていました。

李克強が引退することについて言うと、今回の事件では胡錦濤はそれに反対したのではないかという見方もあります。ただそれは違うと断言できます。李克強はすでに昨年春の全人代で「今回は私にとって最後の会見です」と言っていたからです。この段階で退任を決めていたのです。

石　私は、昨年の全人代ではあくまでも首相としての最後の記者会見であって首相を辞めるにしても、さすがに常務委員には残ると考えていました。

すると峯村さんとしては、李克強の引退も北戴河会議の前から決まっていたという見方ですね。

峯村　決まっていたと思います。

私は昨年の全人代での李克強の記者会見はネットの中継で見ていました。本来、共産党の高官は将来の人事、特に自らの進退については公言してはいけない慣習があります。それなのにあえて「最後の会見です」と発言したのはやはり覚悟を決めていたからです。会見を見て本気で辞める気だなと確信しました。

李克強にも取材したことがあります。王滬寧と違って裏技や寝技はできない人なので、本当に辞めることを決めていたのでしょう。けれども、それが同時に共青団の弱さだとも思います。習近平は共青団について、官僚主義で実行力がないと批判しています。

石　日本流に言うと公家集団ですか。

峯村　そうでしょう。李克強や汪洋はボスがやられても黙っているのか、という石さんの疑問に対しては「イエス」という答えになります。やはりそれが彼らの弱い一面だと思います。

石　要するに、修羅場を知らない。

峯村　知りません。これまでバトルをしてきていないのです。

石　なるほど、優等生だからバトルをしないのでしょう。

峯村　今や共産党内でも誰も共青団という言葉をほとんど口にしなくなりました。

石　もう存在しないのと一緒ですね。

峯村　胡春華が排除された以上、共青団としてはどうしようもない。それに、江沢民の上海閥ももう存在しません。共産党を派閥でとらえることも、もうしないほうがいいでしょう。

石　昨年の党大会を境にして、派閥というキーワードはもう意味がなくなったということです。今後、権力闘争が起きるとするなら、同じ習近平派の中の福建グループと浙江グループの間でとか、むしろ習近平陣営のなかで出てくるかもしれません。最近は、浙江省の連中のほうが元気です。

中国の政治での北京大学出身と清華大学出身の違いとは

石　李克強は私の出た北京大学の先輩でもあります。彼が優等生だというのはよくわかりますよ。

峯村　習近平は清華大学を卒業しています。両大学の違いはどのようなものですか。

石　違いはあまり意識したことはありませんね。一般的に言えば、北京大学出身者のほうは頭がよくて自由派、「俺はそこまで汚いことはやりたくない」というプライドは持っているのです。

峯村　今回は清華大学人事です。だから両大学の比較というのは重要だと思います。清華大学はやはり理系が強くてプラグマティックな人が出身者に多い。だから割りとバサバサと合理的にやっていく方が多いという印象があります。今の習近平体制の特徴でもあるでしょう。当然、習近平にも通じます。

石　北京大学の連中は昔の中国の知識人みたいにけっこう、形而上学的なもの、つまり自分の信念とか自分の哲学とかにこだわりますね。政治の世界には、そんなものは要りません。

峯村　形而上学は基本的に中南海ではあまり重要ではありません。清華大学のようにプラグマティックで、目的達成のために何をやるのかということをはっきりさせているほうが、結果が出やすいのかもしれません。

石　北京大学出身者は最後のところではどうも合理性では割り切れないところが出てき

ます。ただし、それこそが私も含めてむしろ最後の拠り所みたいな感じになっているのです。

峯村　私の愛すべき中国人の友達もそういう人が多いですね。

石　目的と手段との関係を合理性では割り切れないという変な癖があるとも言えます。政治では、よい目的を達成するためにはよくない手段を使うことが肯定される場合もあります。けれども、北京大学出身者はそれをなかなか受け入れられません。だから、たとえ国民の生活をよくするという目的があったとしても、それを果たすためにはどんな手段を使っても権力に残るということもしたくないのです。

峯村　それがよくも悪くも北京大学出身者の1つの気質ということですね。しかし政治ということを前提にあえて悪い言い方をすると、やはり頭でっかちの人が多いのかなという気がします。

胡春華は2匹目の虎で外国の評価が高いために排除された

石　2017年10月の第19回共産党大会を振り返ると、その年は重慶市トップの孫政才と広東省のトップの胡春華が習近平の後継候補として注目されていました。いずれも中央委員から常務委員になるのではないかと予想されていたのです。

ところが、「綺羅星の如し」と言われた孫政才は大会前の7月に失脚してしまいました。胡春華はこの党大会では常務委員に選ばれなかったものの、後継候補としては頭ひとつ抜けた形になりました。だから今回、常務委員に選ばれても何の不思議もなかったのです。

胡春華はこれまで習近平政権の下でけっこう汗をかいて仕事をしてきたし、しかもご存知のように今回の党大会の前に人民日報に載せた署名の文章で習近平をベタ褒めしてゴマを摺ったのです。これは中国では「私はあなたの子分になってもいいよ」というシグナルでした。それでも常務委員になれなかったどころか、中央委員からも外されてしまいました。

峯村　私の取材によると、胡春華の代わりに常務委員になったのが蔡奇ですね。石さんの評価が非常に低いように、２０１７年に北京市長としてデビューして以来、市民の評価は極めて低いと言わざるを得ませんでした。
就任間際、「美しい首都をつくれ」という習近平の意向を受けて、町中至るところにあった看板を撤去し、低所得者らが住んでいるバラックを取り壊しました。まさに典型的な習近平のイエスマンですよ。

石　もちろん習近平政権が3期目のスタートを切るときに自分の側近を入れるというのは当然でしょう。蔡奇を入れるにしても、私としては胡春華を排除したというのはちょっと理解できません。

胡春華を入れると全体の状況は全然変わってくると思うのです。彼の力量は高いのですから、3期目の政権に対する国民の認識も、党内の雰囲気も、国際社会の見る目も、いずれも変わるでしょう。それに、どう考えてももはや胡春華は完全に、習近平の政治権力を脅かす存在ではなくなっています。むしろ有能な幹部としてのイメージがよいので、常務委員に入れて筆頭副首相をやらせれば、けっこう習近平のために貢献します。

それなのに政治局員まで外して何が何でも胡春華を排除したのはなぜなのか。

峯村　習近平の人事において最も重要な考え方というのは「1つの山に2匹の虎はいない」という中国のことわざに象徴されています。

習近平のこれまでのやり方を見ていると、まさに2匹目の虎を徹底的に叩いてきました。まずは李克強がそうです。直下の国務院の仕事を党に移してパワーを削いだ。その次に王岐山です。習近平政権が最初から展開した反腐敗運動で中央規律検査委員会書記として陣頭指揮を執ってきました。習近平も「お兄さん」と呼ぶほど個人的にとても仲がよかったのです。にもかかわらず、反腐敗運動がひと段落つくと、最大の功労者であった王岐山をバサッと切ってしまいました。

そのロジックで胡春華も2匹目の虎になろうとする矢先に追い落とされたのです。

一般的に、胡錦濤の後継者は李克強で、胡春華はそのおまけというイメージがあります。ただそれは事実ではありません。胡錦濤の本当の後継者は胡春華であり、つなぎが李克強だったのです。共青団の知人に聞くと、胡春華を共産党のトップにするために胡錦濤はずっと頑張ってきたと言います。それをよく知っているからこそ、習近平は胡春華が2匹目の虎だと警戒するようになったのです。

また、胡春華が国際社会から高い評価を受けているというのも気に食わない。今の習近平は基本的に外国勢力、特にアメリカや日本とのつながりを注視しています。胡春華は多くの国から高く評価されていて、日本からの評価がめちゃくちゃ高いのです。何度も来日していて、日本の政治家や役人と一緒によく飯を食べたりしています。これはやはり習近平からすると非常に面白くないし、「外国の手先ではないか」と疑ったのでしょう。

以上の2つのファクターで胡春華は排除されたのです。

石　お話を聞いて、よく理解できました。そうだと思います。政協の主席は王滬寧だとすると、その副主席に収まるのが胡春華です。

峯村　飛ばされた人が行くポストですね。

石　飛ばされた人であっても、ある程度の待遇を与えるという一種の名誉職の位置づけでもあります。当然ながら実権は奪われています。

峯村　全人代の副委員長なら実権も少しはあるからまだマシでしょう。政協の副主席ではもう終わりということですよ。

石　結局のところ、後継者が不在だという点も習近平政権の明確な特徴だということになりますね。

第2章

迷走必至の政権運営

有能で業績を挙げてしまうと後で切り捨てられる

石　ここまで述べたように、これから始まる第３期目こそ、本格的な習近平政権ですね。２０１２年の中国共産党大会で受け身で総書記になった後の10年間、李克強もいれば汪洋もいました。第３期目になって初めて純粋なる習近平政権となり、盤石の一強体制ができたのです。

けれども今回のような人事をやってしまったら、共産党内ではおそらく習近平の昔からの側近でない限りいくら頑張っても芽が出ないという雰囲気になるでしょう。その意味では、政権内や共産党内の人々の心をつかむことに徹底的に失敗したのです。

まず昔からの側近でないと誰も信頼しないというのは、裏を返すと、自分の側近なら努力しなくても人徳がなくても使う。つまり、有能な人材を使いこなせないということでもあります。私が大悪党だと思うのが毛沢東です。けれども、人の使い方では並外れていました。その点で２人はまったく比較になりません。

峯村　どのように異なりますか。

石　毛沢東も当然ながら側近も使う。文革（文化大革命）の四人組（江青、張春橋、姚文元、王洪文）などが代表的です。けれども一方で、周恩来も鄧小平も使いこなしました。さらに、権力闘争で自分が潰した相手の部下でも、有能だったり使い道があったりするならば用いました。対して、習近平は徹底的に敵の関係者を排除するのです。

峯村　習近平の父親の習仲勲も、生き埋めにされて殺されかかったときに毛沢東に助けられました。その後、習仲勲は毛沢東のために尽くして働いた。毛沢東の人心掌握術は長けていたと思います。

石　ご存知のように中国の政治の世界では昔から度量が求められてきました。度量とは自分に反対した奴でも使いこなすということです。三国志の曹操などが度量を備えている代表格だとされています。習近平はまるっきり度量がないのです。

峯村　だから、李克強も王岐山も胡春華も結局は切り捨てた。

石　まだ名前が挙げられますよ。その1人が香港の前行政長官だった林鄭月娥です。本来なら香港の行政長官を退任したら政協副主席に就くのが通例になっています。ところが、彼女はそのポストには就きません。就けてもらえなかったのです。

1月の段階ですでに次の政協の名簿が出て、そこに名前が入っていませんでした。やはり切り捨てられたのですね。

峯村　彼女は習近平政権の方針を香港で浸透させるためにけっこう頑張りましたよね。

石　習近平政権の指示を受けて強権的に香港市民を従わせようとしたところ、香港市民の反発によって一時は立ち往生しました。それでもどうにか押さえつけて香港を共産党の意のままになるように変えたのです。功労者のはずなのに、切り捨てられてしまいました。

陳全国もそうです。2016年から5年間、新疆ウイグル自治区の書記を務めて、やはり習近平政権の指示でウイグル人に対するジェノサイド政策を推し進めたのでした。それでアメリカから制裁も受けています。外からはジェノサイドの下手人であっても、内ではやはり功労者のはずです。

2021年末にアメリカで成立したウイグル強制労働防止法のときに、陳全国は中央に呼び戻されました。中央では大した仕事は与えられなくても政治局員の地位は維持されたのです。ところが、今回、政治局員からも外されてしまいました。言うまでもなく、これも切り捨てです。

峯村　陳全国のケースは特に象徴的ですね。悪人になるのも厭わずに尽くしたのに無慈悲に飛ばされたわけですから。

石　習近平のやり方は自分のために汚い役を果たした人間を、最後に切り捨てるというものです。しかも共産党の中央からも見放されてしまう。そんなことをやったら、これから彼のために汗をかく人間がいなくなるのは明らかでしょう。

峯村　一生懸命に尽くしても見捨てられるのでは、誰も真剣には働きませんよ。

石　中国の指導者は、最低限であってもヤクザのボスでないと誰も付いていきません。ヤクザのボスは絶対に子分を切り捨てないですよ。特に汚い仕事をやってくれた子分は最後まで守ります。習近平はヤクザのボスにもなれないということです。

そういう意味からは3期目がどうなるか、まったく想像できません。どうやって政権を運営していくのか。

峯村　有能で汚れ役になっても捨てられるとすると、無能でないと習近平の周辺には残れないということになりますね。何か業績を挙げてしまうと後で切られてしまうのですから。それが蔓延すると、何もやらなくなるし、何もやらない人でもかまわない、ということになります。

石　その通り。彼の側近たちが有能である必要はありません。取り入りさえすれば、仕事をしなくてもかまわない。

だから今回の常務委員の人事はひどい。仕事ができると思いますか。

峯村　ほとんど実績がない人ばかりと言っていいでしょう。石さんの疑問の通り、やはり胡春華を使わないのは間違いでした。代わりに入れたのが蔡奇です。2人の経歴や能力の落差は大きいと言わざるを得ません。

石　そんな政権が3期目の5年間持つと思いますか。

峯村　楽観視していません。

そこで私は以前から唱えている「強すぎる習近平こそが共産党の最大のリスク」という持論を紹介します。これは私の著書『宿命　習近平闘争秘史』（文春文庫）の命題でもあります。

では強すぎたのはいつだったか。その最高潮がまさに党大会閉幕式で胡錦濤を途中退場させたときだったと思います。

石　なるほど。それは中国の老子の哲学にも通じることです。頂点を極めたところで必ず落ち始める。本当に賢明な人は100％満たすようなことはしない。80％くらいで抑えておく。100％になったら下に落ちてしまうのがわかっているからです。

人の使い方が下手なのも強すぎて傲慢になったからだと思います。

国務院での職務経験のない2人が首相と筆頭副首相になった

石　共産党はこれまで、党の最高指導部メンバーの何人かをそのまま国務院の主要ポストに就かせることで党指導部と中央政府との一体化を計って円滑な政権運営を行ってきました。けれども昨年の党大会でそのような一体化を壊すかのような人事の異変が起きました。首相だった李克強と筆頭副首相の韓正の2人は常務委員から身を引いて（あるいは引かされて）ヒラ党員となり、孫春蘭、胡春華、劉鶴という3人の副首相も政治局員から外れました。

それで今年3月の全人代で習近平側近の李強と丁薛祥がいきなり首相と筆頭副首相になったのです。この2人は今まで国務院で1回も仕事をしたことはありません。李強のように副首相を経験せずに首相になった人物はこれまで周恩来以外にはいないのです。もっとも、周恩来は初代の首相なので副首相にならなかったのは当然であってまったくの例外だと言えます。

峯村　李強と丁薛祥は共産党や政府の建物がある中南海の経験も浅いですね。

石　しかも丁薛祥は一国一城の主として地方政府を運営したこともないのに、こんなコンビをよくつくったと思います。

２人に首相と筆頭副首相の仕事ができますかね。

峯村　おそらくできないでしょう。ただし李強についてはかつて香港理工大学で学んだことがあります。

石　浙江省の民政局にいたときには農業関係の仕事をしていました。

峯村　だから実務家としては立派だということでしょう。人柄を悪く言う人もあまりいません。そこまではいいとは思います。

問題はやはり副首相の経験がないことです。共産党では副首相を務めて失敗したら首相にはなれませんでした。しかし今回、副首相を経験しないまま首相に昇格すると、失敗したからといって、おいそれと辞任させるわけにはいきません。だから李強には失敗が許されないということです。

失敗が許されないなら、最初から何もしなければいい。もちろん何もしないリスクというものもあります。でも何もしなければ目に見えた失敗もしづらくなる。中国の国民に対しても当面、どうにか取り繕うことはできるでしょう。

しかしそれはあくまでも当面の間であって、何もしないといずれ政権運営が行き詰まってしまうのは明らかです。

石　そもそも李強が首相になったのは習近平の側近だったからで、だから李強にとってのいちばんのアキレス腱は習近平にほかなりません。彼の信頼を失ったらすべて終わりなので、最大の仕事は信頼をいつまでもつなぎ止めるということになります。

峯村　思い切った政策はとてもできませんね。

石　そんな李強が首相だというのは、３期目にはちゃんとした首相がいないということでもあります。

共産党の最高指導者（党主席、総書記）と首相との付き合い方にもいろいろあって、毛沢東のときには無茶なことをやっても、必ず首相の周恩来が尻拭いをしました。毛沢東は何も仕事をせず歴史の本を読んで女と遊んでいて、実務はすべて周恩来に任せきったのです。それでも毛沢東は、周恩来にどんな権限を与えたとしても自分に取って代わることはないし政治的な脅威にもならないと確信していました。

胡錦濤のときには経済をすべて首相の温家宝に任せていましたね。

習近平の場合、首相や副首相にイエスマンだけを重用してしまいました。能力は二の次なのですから、中国の政治や経済をうまく運営していくのはとても無理でしょう。

峯村　仕事ができるともできないとも判断しかねるような人を選んでしまったという意味では確かに危ない。政権運営が不透明になるのは否めません。

しかし、あえて言うと１つだけ２期目と比べて改善の余地があります。李克強が率いていた国務院は党指導部から遠ざけられており権限が奪われていました。李克強の力を排除する形で国務院の形骸化が進んだのです。

３期目に習近平の子飼い中の子飼いである李強が首相になったことで、国務院を使いやすくなる可能性があります。

いちばんかわいがっている李強を入れた以上、国務院の機能を元に戻さなくてはなりません。でないと回らないですよ。国務院の有能な官僚たちに頼らざるを得ません。官僚たちがきちんと動くようになれば、国務院の役割は復活すると思うのです。

これまでとは違ってしまった共産党での人事の決め方

峯村　共産党の人事は基本的に底辺から少しずつ上げていって、ダメならどんどん振るい落としていくというものです。それで9500万人いる党員から指導者になれるわずかな人物を選びます。

石　その1例では先ほど話題に出た孫政才は、2012年に49歳の若さで政治局員に選ばれました。それが2017年7月に失脚して共産党の出世レースから完全に脱落し、代わって台頭してきたのが陳敏爾です。習近平が浙江省トップを務めていた時代の部下で以後も腹心として仕えてきました。孫政才の後任として重慶市トップにもなり、前回の党大会では常務委員に抜擢されるかもしれないとも噂されました。しかし今回の人事では政治局員に残ったとはいえ、どうもパッとしなくなりましたね。

峯村　重慶に行くとダメになるというジンクスがあります。伝統的にマフィアの影響力が強く汚職もはびこっています。重慶市トップだった薄熙来も孫政才も最後は失脚しています。

石　私は今までの共産党の政権をいろいろと批判してきたわけですが、それでも共産党なりの上手なやり方を持っていて、人事にしてもけっこうあちこちバランスを取り、よく考えられてつくられてきました。そこには綿密なデザインと設計があったのです。

今回は全体のデザインも設計もわかりません。すべてが習近平の気まぐれみたいな感じになりました。

峯村　その点はもったいないですよね。

石　今回、習近平の独裁になったので、峯村さんが「強すぎる習近平こそが共産党の最大のリスク」と指摘するように、まさにそれが独裁者にとっての最大の落とし穴でしょう。これから本人が自分の政権にとってのいちばんの問題になるのですね。

峯村　そう思います。その強すぎる習近平が続くわけですから、これからいろいろなリスクを生むようになるでしょう。

石　部下のほうからすると、万能の指導者になった習近平の指示がなければ動けません。ただ、政治、経済、外交などでいちいち指示を出すというのはとても無理です。

峯村　今の政権運営を見ていると、現場の正確な情報がトップに届いていないとも感じます。みんなから意見を求めるにしても、その意見が届くまでにはタイムラグが生じます。また、仮に習近平が全知全能の指導者だとしても、一人で判断して指示を出すには、どうしてもタイムラグは出てしまう。それによって事態が悪化するケースもすごく増えていくし、実際に今、その問題が噴出しているのです。

石　別の言い方をすると、これからの中国の政治では習近平がすべての仕事をすることになります。だから、他の誰も仕事をしないし、少なくとも指示がなければ仕事をしません。

峯村　部下は萎縮して意見を言えず、処分が怖いから、サボタージュしようということになります。そうやって組織がダメになっていき、気がつくと問題ばかりが積み重なって倒産のリスクに直面することになるのです。

日本人より格段に優れている中国人のメディア・リテラシー

石　今回の共産党の人事には中国の国民も驚いたはずです。中国の政治のことをよく知っていますからね。

峯村　中国の人たちは政治的なのです。政治のセンスがあってタクシー運転手だろうが、マクドナルドの店員だろうが、果物を路上で売っているおばちゃんだろうが、みんな政治を語れます。

石　特に北京のタクシー運転手は政治、経済、外交など何でも知っていますよ。日本のテレビに出たら、そのままコメンテーターになれるでしょう。

峯村　パスポートを持っていない運転手でも、国際情勢を詳しく語れるのです。それはやはり凄い。ゆえに3期目の習近平政権を見て、「胡春華も外れた、劉鶴も辞めてしまった」となると、「あれっ、経済がわかっている人がいなくなっちゃったね。経済政策は大丈夫か」と指摘できるわけです。

そうやって本能的にわかるのですよ。経済が危ないとなると、すぐに予防的な貯蓄に走るでしょう。

石　中国では情報統制されています。それでも中国の国民はうまく正しい情報を嗅ぎつけるのですね。

峯村　情報統制をされているからこそ、国民のメディア・リテラシーが発達するのだと思います。メディア・リテラシーを「メディアの見方」というふうに解釈すると、中国人ほどそれが発達している国民はいません。

今はネットでニュースが読めるようになりました。昔は人民日報を主に読んでいたのです。しかし昔から人民日報で正しいのは、日付と天気予報だけだと揶揄されています。

石　天気予報はときどき外れますよ（笑）。

峯村　要するに、中国の国民は、人民日報に書いてあることははなから嘘だと思っているので、眼光紙背に徹すと言うか、メディアのチェックの仕方やこの文言は実はどういう意味なのかと詮索する能力が、自ずと発達してくるのです。それらは日本人に欠けている能力でもあります。

日本人には、メディアは絶対だという幻想がまだあって、メディアリテラシーのトレーニングをほとんどしていません。だから、「朝日新聞に騙された」ということにもなります。当たり前ですよ。朝日新聞だけではなく、どの新聞にも間違いが書いてないということはない。

私は大学でもメディアの授業をやっていて、「メディアをそもそも信じてはいけない」と学生に言っています。メディアの報道をまず疑うこと。大切なのは、メディアの見方をどうするのかを教えることだと思うのです。

石 メディアを信じきって利用するのと、疑って利用するのとでは、やはり得られる情報の質は違ってきますね。もちろん疑って利用しないと。

峯村 日本の年配の方々は特に、メディアの見方を培っていないから、安易な陰謀説とかにもすぐ騙されてしまうのです。

タクシー運転手に歴史問題をふっかけて上達した中国語

峯村　中国の国民のメディア・リテラシーは発達しています。その結果、とりわけよく当たるのが中国のタクシー運転手の見方です。

確かにタクシー運転手の物言いや分析は雑です。けれども、例えば「中米首脳会談で発表された公式見解の文言にはこんな意味がある」とか「今の全体的な世界の流れはこうだから、次に中国はこうやるべきだ」とか「今度は中国の立場が強いからアメリカのほうが折れてくる」とか「アメリカの言い方からすると、日本を使って他の同盟国とも一緒に中国に圧力をかけてくる」などと普通に語れるのです。しかもだいたい当たっている。大したものだ。

石　日本でもタクシー運転手は情報通だと言われています。中国ではその比ではないですね。

峯村　私は２００５年から１年間、中国人民大学に留学しました。もともと党や政府の官僚を養成する学校で、学生たちの政治や外交に対する関心が高かったですね。朝日新聞の北京特派員となったのは2007年からでした。
ちなみに私が人民大に留学していたとき、中国語が上達したのはタクシー運転手のお陰だったのです。人民大は北京の郊外にありました。そこからタクシーに乗って助手席に座り、それで運転手に対して歴史問題をふっかけるのですよ。
そうすると向こうは、日本人が歴史問題をふっかけてくると最初は怒るわけです。怒るとなおさら必死にこっちもしゃべる。それで北京の環状線を1周することになります。これで、私の中国語はかなり上達しました（笑）。

石　タクシーが中国語の教室だったのですね。

峯村　当時はタクシーの値段も安かったので、環状線を1周回ったとしても1500円から2000円ぐらいでした。

石　何十元程度だったのですね。

峯村　しかも北京の人に北京訛りはあっても方言がありません。私の中国語が北京訛りなのはその影響なのです。
タクシー運転手に対して反論できなかった歴史問題もあって、非常に悔しい思いもしました。その度、大学の先生のところに行き、反論できなかった歴史問題について中国語でどのように言うのか教えてもらいました。
そしてまた、タクシー運転手に議論をふっかけると、今度は例えば「そうは言っても、靖国問題はこうだ」と反論できるようになります。こうして中国語は上達していきました。

石　タクシー運転手も幸せですよ。議論をしていると、お金が儲かる。

峯村　タクシー運転手のほうも、いつもほとんどが違う人ですから、おそらく初めて日本人と話す機会ができます。そういう意味では喜びますね。1年も経つと、結果的にたくさん運転手の友達ができました。いまだに仲のいい人もいます。

石　峯村さんとしては小さなお金であっても、タクシー運転手のほうは環状線を1周回ったら、けっこう稼げます。それで1日の仕事は終わったようなものだ。後は飲むだけですね。

峯村　今回の新しい常務委員のメンバーを見ても、タクシー運転手はちゃんと語ることができるのです。
たとえば「蔡奇は無能である。北京でろくでもないことしかしていない。単なるおべっか使いのイエスマンだ」と言っています。常務委員の序列から胡春華の代わりに蔡奇が入ったこともすぐにわかります。

当然、他の常務委員についても論評することができるのです。

石　中国の庶民は蔡奇が北京でやったことや李強が上海でやったこともよく知っていて、特に常務委員についてはよく観察しています。中国の政治が実際に庶民たちの生活に大きな影響を与えるからで、常務委員の言動となれば庶民の生活に直結しているということなのです。

第3章
習近平とは何者なのか？

個人分析をしなければ独裁者の言動はわからない

峯村　ここまで、習近平政権の今後について議論してきました。本章では、政権の中心人物・習近平総書記そのものの、人物像に迫りたいと思います。

実は国際政治学者などは政治家個人の分析というのを軽視する傾向があります。特にアメリカのインターナショナル・リレーション（国際関係）を研究している人たちは、政治家個人のファクターを排除します。

ただそれでは、中国共産党の真相には迫れません。なぜかと言うと、やはり独裁国家については、その国を左右するトップの頭のなかを分析して迫らなくてはいけないからです。

1つの例がプーチンです。多くのロシア専門家が直前まで「いやいや、リスクを考えてウクライナを武力攻撃するようなことをするはずがない」とか、「プーチンは合理的な人間だから攻撃なんてしない」などと言っていました。しかし現実にはウクライナに全面的な軍事侵攻に踏み切りました。

間違ったのはやはり、国際政治のアカデミックな分野でプーチンという人物に対する分析が足りていなかったためです。この教訓から、習近平の人物像についても分析をこれからどんどん進めていかなければなりません。

石　まさにそうです。というのは、往々にしてアメリカ的な政治分析は政治のトップであっても個人は国家的理性の執行者でしかないという考えに基づいています。国家には理性というものがあって、政治指導者もその理性に従って行動するというのです。つまり、政治指導者は常に国益を分析して国益にいちばんかなった形で冷徹に政治行動を取ると考えています。けれども、実際にはまったくそうではありません。

アメリカであってもおそらく大統領の思いとか感情的なもので政策が左右されることが多々ありますよ。中国のような独裁政権だとなおさらです。そもそも独裁政権ではトップの個人的な思いに対して、周辺からブレーキをかけたり諫めたりする機能が失われています。

となると習近平の場合も、その頭のなかと中国という国の政策がイコールになってしまうのです。それに私には、彼が自分の心をちゃんとコントロールできる人間だとはとても思えません。習近平とヒトラーを比較すべきではないかもしれませんが、ヒトラーは最後は自分の心をコントロールできなくなりました。

峯村　比較をするなら、むしろトランプとのほうがわかりやすいかもしれません。私は朝日新聞のワシントン特派員時代にずっとトランプを取材していました。トランプの言っていることとやっていることは確かにめちゃくちゃでした。

ただし結果としては対中政策について大きな実績を残したといっていいでしょう。それは、国家安全保障担当大統領補佐官のハーバート・マクマスターとか、大統領副補佐官のマット・ポッテンジャーなど周囲にはいい人材がいたからです。連邦議会にも中国問題に精通した議員やスタッフがたくさんいました。

トランプのような政治経験のない人であっても、アメリカのような民主主義国家なら行政府のファクター、議会のファクターがすごく大きいので、それほどぶれることは少ないわけです。

ところが、独裁国家の中国にはそんなものはありません。全人代がアメリカの議会や日本の国会のような機能を果たすことも絶対にないのです。

とすれば、なおさら習近平個人の人物像を分析しなければならないと思います。

党幹部だった父親の失脚も権力への執着を掻き立てた

石　峯村さんの『宿命』での分析ですごく印象に残ったのは、習近平は少年時代、高級幹部である習仲勲の息子だったからちやほやされたのに、父親の失脚によって農村に放り出されたところです。天国から地獄に落ちたので、権力に対しての執念深さが絶対にありますね。

峯村　そう思います。習仲勲は共産革命に参加し、陝西省、甘粛省など西北地区で革命根拠地をつくりました。習近平が北京で生まれた１９５３年には、39歳の若さで党中央宣伝部長になり、１９５９年には副首相に昇格して周恩来の側近として活躍しました。

ところが、権力闘争に巻き込まれて１９６２年に失脚し、毛沢東が始めた文革では反革命分子として収監されてしまいました。父親が失脚した時、習近平は9歳でした。以後、習近平は経済的にも精神的にも非常に苦しい生活を強いられました。

石　農村に放り出されたというのは陝西省の寒村への下放（田舎で働くこと）でした。

峯村　当時の「農民に学べ」という政治運動によって、１９６９年に16歳で習近平は陝西省の梁家河村に送られたわけです。中国でも極貧の農村の一つで、洞穴式住居で６年間暮らし、貧しさによる苦痛のあまり、北京に逃げ帰ったこともありました。

文革が終わった１９７８年、父親は政治的な復活を遂げました。広東省トップの第一書記になり、深圳の経済特区を推進するようになったのです。習近平も名門、清華大学を卒業しました。

習仲勲は引退した１９９３年に政治の表舞台から姿を消してそのまま隠遁生活を送り、２００２年に死去するまで公式メディアなどでもほとんど取り上げられることはありませんでした。

石　習近平としてはどうしても権力に翻弄された父親の姿が頭から離れないでしょう。

峯村　その通りです。習近平にとって最も身近な政治指導者としての父親のイメージがあると思うのです。父親は改革派で党内でも慕われていた。けれども権力闘争に弱かった。文革のときはもちろん、それ以外でも政敵たちにはめられて２度失脚しています。そういう意味で、父は「反面教師」だったと言えます。

また、文革のときの下放はとても辛かったようです。そのときのトラウマから、やはり強大な権力を持たなくてはいけないと痛感したのでしょう。

さらに、2012年に自分が総書記になろうとしたとき、「お兄さん」と慕っていた薄熙来によるクーデター未遂によって危機的状況に追い込まれました。もしクーデターが成功していれば、習近平は失脚していてもおかしくなかったでしょう。この事件についてはこのあと詳しく述べますが、おそらくトラウマになっています。

以上の3つの教訓から、権力に対して異常なまでの執着心を持つに至ったと分析しています。

トラウマとなった薄熙来によるクーデター未遂事件

石　しかし権力に異常に執着しているとしても、前にも言ったように習近平は度量がありません。だから権力を使う度量がないとも言えます。

峯村　度量がないのは自信がないからでしょうね。自信のなさの理由の1つとしては、先ほど述べた薄熙来の一味によるクーデター未遂事件です。

石　薄熙来のクーデター未遂というのは、日本ではあまり知られていませんね。

峯村　薄熙来の取り巻きの軍や党の幹部らが結託して習近平を失脚させようとしたもの

です。結果として失敗しましたが、共産中国始まって以来最大の政治事件だとさえ言えるものでした。

石　薄熙来は2012年3月に失脚しました。発端はその年の2月6日に右腕だった重慶市公安局長の王立軍が四川省成都にあるアメリカ総領事館に逃げ込んだことです。亡命の求めをアメリカが受け入れなかったため、王立軍は北京で拘禁されました。こういう事態が起きたのも、薄熙来の妻だった谷開来の犯罪とされる英国人殺害を調査したために薄熙来と仲間割れしたからです。

薄熙来の失脚に関してはこのように説明されていますね。

峯村　実はその背後にあったクーデター未遂のほうがはるかに重大な事件でした。これには当時、政治局員で中国軍の制服組トップだった中央軍事委員会副主席の徐才厚のほか、元常務委員の周永康、胡錦濤政権の「官房長官」といえた中央弁公室主任の令計画も絡んでいます。徐才厚は世界最大の230万人の軍を率いる制服組トップで、周永康は200万人を超える武装警察部隊と警察官を意のままに動かせる常務委員でした。

このとき、汚職等の疑惑を抱えて追い込まれていた徐才厚、周永康、令計画の3人が九死に一生を得ようと派閥や出自の違いを乗り越えて、最高指導部入りで再起を図ろうとする薄熙来を担ぎ上げて2012年3月にクーデターを起こすことで思惑が一致したのです。ところがたまたま、誰も予想もしていなかった王立軍の駆け込み事件があったため、その企てが発覚して、クーデター計画が露呈したわけです。

石　クーデターが実現していたら今日の習近平政権もあり得なかった。本当に中国の歴史を変えてしまうような事件だったのですね。

中央書記処になぜ警察関係者が3人も入ったのか？

石　一方、習近平の性格の反映ということで言えば、常務委員会のほかに中央書記処も見逃せません。

中国共産党にとって政治局が意思決定機関ならば、中央書記処が執行機関だと言えます。今回の人事で私がびっくりしたのが、そこに警察（秘密警察）関係者である陳文清と王小洪ら3人が入ったことでした。これまで警察関係者は1人だけで、公安部長か政法委員会のどちらかから1人が入っていたのです。今回の3人というのは異常だと思います。

しかも陳文清と王小洪は中央政法委員会のツートップである書紀と副書記です。王小洪は公安部長も兼ねています。中央政法委員会とは国内の治安を含む中国の安全保障を広く所管しているところです。

峯村　警察関係者が３人というのは確かに異例といえます。でも私は、陳文清は入ると予想していました。王小洪についても非常に注目してきました。というのも、王こそ習近平のいちばんの右腕だと、かなり早い段階から知っていたからです。今回、政治局員になれなかったことは意外でした。

石　しかし習近平はすでに権力闘争で勝ち抜いたのだから、警察関係者を３人も入れる必要があったのでしょうか。

峯村　陳文清のように安全部出身者が政治局員になるというのも初めてです。確かに習近平は２期目から「国家の安全」を頻繁に口にしてきました。この「安全」とは主に、安全保障ではなくて国内の治安のことです。

石　彼は何に本気で怯えているのでしょうか。

峯村　彼にとっては安全がすべてだということです。ただしそれは共産党の統治の安全であり、自分の地位の安全を指しているのです。

毛沢東になりきって毛沢東を超えなければならない

峯村　さてここから、もう一つの重要なポイントについて話をしましょう。習近平の毛沢東崇拝についてです。

習近平の毛沢東に対する感情には二面性があるとみています。自分を下放に追い込み、父親は投獄されて母親も市中を引き回されるなどひどい目に遭わされました。本来、毛沢東は強い憎しみの対象なのです。一方で、文化大革命時代に青春時代を過ごした世代に共通する独特な憧れみたいなものもあるのではないですか。石さんの世代だと毛沢東に対する独特の思いというのはあるでしょう?

石　中国の国民にあれほどの苦しみを与えた指導者は毛沢東以外にはいません。27年間、ほとんど彼1人のわがままで翻弄され、文革だけではなく大躍進運動、反右派運動などで、ほとんどすべての国民が何らかの被害を受けました。

あの時代に生きた人たちにとって、毛沢東とは怒らせたらものすごい災難が降ってくるという存在です。同時に、その存在がないと世の中を考えられなかった。国民の大部分にとってはあの時代はすべて毛沢東であるという絶対的な存在だったのです。彼の被害を受けた人々も最後には彼ではなく四人組などを憎みました。彼を否定すると、自分たちが生きてきた時代全体を否定されてしまうような気がするのです。習近平にとってもやはり同じでしょう。

今では彼が悪いことをしたことをみんな知っています。しかし知っていながら、依然として神様的な存在です。今でも毛沢東崇拝者は少なくありません。要するに、恐ろしい神様だった。

峯村　そのあたりの感情は、なかなか日本人にはわかりづらいですね。アメリカ人にはもっとわからないでしょう。

石　あのような神様に翻弄されてすべてを失って憎しみを味わったからこそ、自分も今度は同じようになるということです。毛沢東と同じ指導者になったのであれば、その点で習近平の気持ちはわからないわけではありません。

峯村　「毛沢東になりたい」というよりは、「ならなければいけない」ということなのでしょう。

石　そういうことです。あのような権力者にならないと自分は安全ではない。自分の父親が簡単にすべてを奪われたのはあんな恐ろしい神様がいたからだ。しかしあのようにならない限り、自分も父親と同じことになってしまいます。

峯村　なるほど。だからこそ毛沢東を超えなければいけない。

石　また、その前に毛沢東になりきらなくてはいけないのです。

胡錦濤と江沢民の戦いで押し出されて総書記になった

石　その習近平は、いろいろな証言からも、昔の映像や写真を見ても、トップになる前は人に媚びるのが上手でした。胡錦濤の前でも江沢民の前でもまるで媚び上手な小僧のようだった。

北京五輪の開催は２００８年で、ご存知のように習近平が北京五輪の責任者である組長を務めました。胡錦濤が習近平と一緒に北京五輪の建設現場を視察に行ったことがあります。そのときの映像を見ると、胡錦濤がいろいろな指示を出している後ろで、習近平はずっと、いかにも媚びているような笑顔で胡錦濤の言葉の一つ一つに頷くのです。今では想像できません。

峯村　それなのに、その十数年後には胡錦濤に対して党大会の閉幕式で「出て行け」とやったわけです。

石　習近平は1974年に共産党への入党が認められました。1975年には試験を要しない工農兵学員として北京の清華大学化学工程部に入学し、1979年に大学を卒業した後、中央軍事委員会の大幹部の秘書を務めました。1982年にはその花形ポストを辞めて河北省正定県という地方に赴任しています。

以後も福建省の貧困地域で共産党の仕事をこなし、2002年に浙江省のトップに、次いで2006年に上海市のトップに就任しました。共産党中央での出世コースにも乗って2012年には総書記の座に上り詰めたわけです。

江沢民も胡錦濤も最後に習近平を選んだのは、我も癖もなく誰に対しても媚びるから操りやすいと思ったからでしょう。李克強のようにあまりに才気煥発な人間は逆に嫌われます。対して、習近平はけっこう大人しく見えるし、誰に対しても柔和な態度を取っています。しかも上の人に取り入ることが上手だった。それも彼が昇進できた大きな理由の1つですね。

では、本当の習近平とはどういうものなのか。柔和な態度を取り人に媚びるということを彼はただ演じていただけなのか。演じるにしてはけっこう長くそうしています。もう福建省時代からですね。

いずれにせよ、トップになってからはガラッと変わってしまいました。昨年11月に死んだ江沢民も、死ぬ前に自分の人生でいちばん後悔したのは、習近平を総書記に推したことではないでしょうか。

峯村　そうでしょうね。江沢民がいなかったら習近平も総書記になっていなかったのは間違いない。

石　能力があって人徳があって人望があって最高指導者になったのではなく、江沢民と胡錦濤によってトップに押し出されたのです。

峯村　しかもそれは2人のバトルの結果ではなく妥協の産物でした。

石　しようがないから、習近平を総書記にしたという話ですね。

峯村　江沢民と胡錦濤の一連の権力闘争を通じて最も利益を得たのは結局、習近平でした。トップの座に就くまでは頭を低くしてじっとしていて、2人の巨頭を闘わせる。そして漁夫の利を得る形で胡錦濤から党と政府と軍の全権を譲り受けると態度を豹変させて、一気に腐敗摘発を展開し、ライバルたちもどんどん倒して権力を手中に収めました。

自らに刃を向けた薄熙来、徐才厚、周永康、令計画の4人も失脚させ、院政という形で君臨し続けた江沢民の影響力を完全に無くすことにも成功しました。

失脚する父親を目の当たりにし、自らも下放されて地獄のような経験をした男だからこそ、権力闘争を身体で理解していて勝ち抜くことができたのでしょう。

石　彼が総書記になってから11年目を迎えています。これまでの10年間の足跡を見て強く感じたのは、経済政策や外交政策をはじめ、あらゆる政策が失敗に失敗を重ねているのに、権力を固めることは非常にうまくいっているということです。

もちろんいろいろと偶然的な要素も重なりました。例えば胡錦濤がもし邪魔をしていたらここまでの個人独裁はできなかったはずです。

それでも非常に用意周到で計算ずくで、ここまで来たのは間違いありません。毛沢東を超えるような権力者になるかもしれない。そこが彼の凄いところでしょう。

峯村　しかし2期10年の間の最大の成果は、反腐敗キャンペーンです。「虎も蝿も叩く」をスローガンに徹底的に政敵らをつぶした。ただ、それ以外にはあまり実績を残していません。

媚びる人間になれば媚びることを演じる必要もなくなる

石　総書記になった習近平を見ると、あんなに横柄な指導者はいないという気持ちになります。そこで私の1つの仮説を出しましょう。彼はひょっとしたら二重人格者ではないかということです。

彼は高級幹部の子弟だったので、子供時代には優越感がありました。生まれながらに上の人間であって、下が自分に媚びることがあっても逆はなかった。そんなボンボンが、父親の失脚によって、16歳のときに陝西省の農村に下放されました。

このときは孤立無援であり、当時の中国の農村は反党分子の子供に対して無慈悲だったのです。だから誰でも彼を虐めました。

そうなると生きていくためには人格を変えるしかなかったのです。要するに誰に対しても媚びるしかなくなりました。無学の字も読めない村人にも、爺さんや婆さん、子供に対してもみんなに媚びる。そういう媚びる生活が何年も続いた結果、別の人格ができたのではないでしょうか。

峯村　その説に関連する話として、浙江省のトップ時代に地元紙に応じた習近平のインタビューがあります。「私は下放されたときに本当に辛かった。農民たちともそりが合わなかった。みんなから仲間外れにされて虐められた」と話しています。
だから農村にいることが嫌になって北京に1回帰っているのです。けれども、北京に行ってもどうしようもなく、結局、帰るところがないということがわかって覚悟を決めて陝西省に戻りました。農村に戻って、6～7年かけてようやく溶け込んでいったのでした。石さんの仮説は間違っていないと思いますよ。

石　溶け込もうとしても、最初から平等の立場ではありませんからね。村人たちは誰も彼を平等に扱うことはしません。とすれば、当時の彼にとって村人に溶け込むというのは、下から上に媚びることでしかありえないわけです。それで、彼は自ら性格をつくったと言えるのかもしれません。

峯村　確かに習近平も「最初、私は偉そうだった。上から目線で話したから嫌われた」とインタビューで語っていました。そのときには洞窟に住んでいたので、村人たちを呼んで酒を飲んだり、国際情勢や政治のことをわかりやすく解説したりしたことで、だんだんと理解されていったそうです。目線を落として村人たちと付き合ったのだと思います。そういった経験を通じて、共産党の有力者だった賈慶林や江沢民、胡錦濤などに取り込んで篭絡する術も覚えたのでしょう。

最初は反党分子の子供だったため共産党員にすらなれませんでした。しかし村人たちが全員で推してくれたことで、結果として共産党員になれたわけです。

石　そこが習近平の看過できないところで、相手に取り入る技術に長けていると考えることもできます。けれども、私は技術というより、やはり彼が自分で別の人格をつくり上げたのだと思っています。なぜなら人格を変えないで毎日、別の人格を演じるというのは非常に大変ですからね。

人が別の役をうまく演じるためには、結局、その役になりきることが最も有効な方法なのです。だから、媚びるのも演じるのではなくて、媚びる人間になってしまえばいい。それで演じる必要もなくなるのです。

だが、いったん権力の頂点に立つと、もう媚びる相手がいなくなりました。

峯村　孫子の兵法の「三十六計」のなかに「仮痴不癲（かちふてん）」というのがあります。「韜光養晦（とうこうようかい）」と似ており、「馬鹿なふりをして相手を油断させ、時期の到来を待つ」。「能ある鷹は爪を隠す」といった意味が込められています。

習近平の性格を表すのに最もふさわしい言葉だと思います。だから、賈慶林から江沢民から胡錦濤まで結果として習近平に騙されたわけです。みんなに信頼させ、最後には全員の首を切ったのですから、まさにそれは孫子の兵法そのものです。

石　彼としては、恩を受けた江沢民や胡錦濤を切っても、恩を裏切ったという心境ではないでしょう。むしろ彼の本来の人格のほうは媚びる人格が嫌なのです。とすれば恩などどうでもよくて、自分が媚びた相手は最後に切る以外にはないと思ったのです。

峯村　その中でも、胡錦濤だけは例外だと私は思っていました。あくまでも賈慶林とか江沢民は1枚のカードとして習近平を利用してきただけだ。けれども、胡錦濤は自分を陰ながら支えてくれたと習近平は思っていたはずです。だからこそ、昨年の党大会での「強制退場」事件が起きたことは私にとっては予想外でした。そこにも石さんがおっしゃるように二面性があるのかもしれない。

石　二面性のほかにも、習近平という人間には別の人格を感じることがあります。そのため、この10年間、トップの指導者であってもときに小心者にも見えるのです。

象徴的なシーンが、２０１７年４月にトランプと米中会談を行うためにアメリカのフロリダ州パームビーチに行ったときのことです。

峯村　２人の晩餐会での会話でしょう。

石　そうです。

峯村　あのとき、私もマール・ア・ラーゴの現場で取材をしていたので鮮明に覚えています。晩餐会で食後のデザートであるチョコレートケーキを２人で食べていたところ、トランプがいきなり「イラクに59発のミサイルを発射した」と伝えました。ただしトランプのイラクというのはシリアの言い間違いです。

これに対して習近平は10秒間、固まってしまって動かない。その後、ようやく振り向いて後ろの通訳に「彼は今何て言ったんだ」と聞きなおしたほど動揺しました。そしてしばらく経ってから「小さな子供や赤ん坊にまで化学兵器を使う残忍な人には、ミサイルを発射したのは理解できる」とトランプに答えたのです。私は習近平が凍り付いてしまったことに驚き、アドリブが利かない、非常に保守的な人だという印象を受けました。

石　普段は横柄で絶対的な独裁者のように見えても、そんなときには私には小心者に見えてしまうわけです。

戦略と感情を統合できていないことによる外交の齟齬

石　そして外交の面においても、習近平のやっていることはこちらの理解を超えるのです。

峯村　最近ではEUとの関係がその一例ですね。

石　EUはご存知のように、ドイツのメルケルが首相在任中に、中国EU投資協定を結ぼうとしました。もしあれをそのまま結ぶことができたら、アメリカも中国に対してどうすることもできなくなったでしょう。

峯村　EUと中国との関係は相当緊密になっていたはずです。ロシアによるウクライナ侵攻に対するEUを含めた強力な制裁は実現できなかったかもしれない。

石　中国にとって中国EU投資協定は大戦略のはずでした。ところがそれを、中国側からのつまらない理由で潰してしまいました。

この協定は2020年末にできたのです。中国の環球時報は、外交的な大勝利で世界のバランスが変わったと持ち上げました。協定が発効するには、民主主義ですからEU議会で批准されなければなりません。しかし2021年5月に欧州議会は、この協定の批准に向けた審議の停止決議を賛成多数で可決したのでした。

ＥＵは3月に少数民族のウイグル族への不当な扱いが人権侵害にあたるとして、中国の当局者たちに1989年の天安門事件以来、約30年ぶりとなる渡航禁止や資産凍結といった制裁を加えました。中国はこれにすぐに反発して欧州議員に報復制裁を発動したのです。欧州議会の停止決議はこの報復制裁に対抗したものでした。

しかしＥＵによる中国の当局者たちへの制裁は、アリバイづくり的な優しいものでした。こんな制裁を受けたところで習近平政権には痛くも痒くもない。ところが、よりによって中国ＥＵ投資協定の批准を審議する欧州議員たちに、報復制裁を発動してしまったのです。欧州議員たちもそれに怒って、批准の停止決議に踏み切ったのでした。これを見ると、習近平は天才かアホか、わかりません。

峯村　それで思い出したのが米国大統領を務めたニクソンが当時の中国に仕掛けた「マッドマン・セオリー（狂人理論）」ですね。これは東西冷戦の最中、東側諸国の指導者たちを交渉の場に就かせるために、ニクソン大統領が自分のことを非合理的で気まぐれだと思わせるような言動を取ったことに由来しています。

ひょっとして習近平もマッドマン・セオリーをやっているのか。でも、実際にはよくわかりません。

亡くなった安倍晋三元首相も、対中政策にマッドマン・セオリー的なアプローチをしていたようです。私から見ると、安倍政権の対中政策の戦略がよくみえなかった。安全保障では「自由で開かれたインド太平洋」構想を掲げるなど対中圧力をかけながら、中国の「一帯一路」構想には前向きな考えを示す「二面性」があると感じ、「対中政策がぶれているんじゃないですか」と安倍氏に尋ねたことがあります。

すると安倍氏は「対中政策では2つの方法を使っている。1つが、私自身は習近平国家主席に対して強硬姿勢をとっており、他の首脳にも習氏の悪口を言いまくった。一方で二階（俊博）氏を幹事長に据えて中国との対話を続けさせる。この両方で中国を動かしていた」という答えでした。

安倍元首相は硬軟取り混ぜて中国に接することで中国を動かそうとしていたのです。しかしどうも習近平のマッドマン・セオリーは少し異なるようです。

石　オーストラリアとの関係も、中国はアメリカと喧嘩しているときにわざわざ壊してしまいました。その理由もさっぱりわからない。

オーストラリアのモリソン政権は２０２０年３月、新型コロナウイルスの発生源について中国に独立調査を求めました。それだけのことですよ。ところが、中国はこれに大反発して、オーストラリアに対してさまざまな貿易制裁を発動しただけでなく、２０１４年から開いてきた戦略的経済対話に基づくすべての活動の無期限停止を発表したのです。

モリソン政権も中国の威圧に屈しないという強気な姿勢を示し、２０２０年12月にはオーストラリアの州や大学などが外国政府との取決めを行うときには、外相からの承認取得を義務づけました。言うまでもなく、この外国政府というのは中国政府を指しています。

峯村　中国のオーストラリアに対するやり方は戦略的に大失敗でした。

石　本当の指導者は戦略を定めると、あとはどんなことがあっても自分の気まぐれには左右されません。戦略の下で自分を抑えて、いつでも穏やかな顔をし、冷静さを保って戦略通りに動くのです。

しかし習近平は違います。どうやら彼は自分の戦略と感情を最適に統合できていない。戦略を頭でわかりながら、カッとなってしまって戦略から外れたことをやってしまうのではないでしょうか。

峯村　日本、アメリカ、オーストラリア、インドという４ヵ国の首脳や外相らが安全保障や経済を協議する枠組みの「クワッド」と、アメリカ、オーストラリア、イギリスという3ヵ国による軍事同盟の「オーカス」は両方とも中国に対する包囲網です。いずれにもオーストラリアは積極的に加盟しており、対中包囲網の中心国となりました。それだけ中国への反発が大きかったのです。

石　自由で開かれたインド太平洋という構想を最初に持ち出したのは安倍元首相ですね。今やそれはインド太平洋関係地域の国々のコンセンサスであり、日米のインド太平洋戦略の基盤にもなっています。クワッドとオーカスにもつながりました。安倍元首相は大功労者です。

峯村　安倍元首相が大功労者になったのは習近平のお陰だとも言えますね。ここで習近平の戦略についても触れます。コアとなる戦略は共産党トップになった2012年に打ち出した「中国の夢」です。「中華民族の偉大な復興の実現」を目指しています。

石　確かに一帯一路とかも戦略でしょう。しかし、やはり習近平は自分の戦略と感情をきちんと統合できていません。

峯村　それには1つの仮説があります。「一強体制の罠」です。多かれ少なかれ他の指導者もそうでしょう。トップが間違った判断をした際、本来ならば部下が「殿、お言葉ですけれども」と苦言を呈して軌道修正をしていきます。

そういう部下がいないと、トップの感情や誤った判断がそのまま政策決定に反映されて、国として誤った方向にいきかねない。今の中国をみていると、そうした「一強の罠」に陥っているようにみえます。

石　共産党の体制はここまで来たら、まさに「習近平すなわち中国」ということになりますね。本人の内部で何が起きているかは我々にはわかりません。けれども彼の頭と心のなかで起きたことはすべて国政と外交に反映されていきます。そこが最も怖い。

一強体制によっていっさいの予測が成り立たなくなった

石　私もこれまで中国分析をやってきて、共産党の一貫したやり方あるいはその合理性に基づいて、次はこうするだろうという予測を一応立てることができ、それなりに当たってきました。

峯村　私も予測は難しくなっています。

しかし習近平独裁体制が確立したこれからは、いっさい予測も成り立たないでしょう。

石　合理性も、一貫した今までの慣例も、すべて意味がなくなってきているのです。例えば合理的に考えれば、プーチンは戦争をやらないはずだったのに、実際はやってしまいました。習近平も同じです。

峯村　独裁というのはそんなものだと思うのです。独裁者には誰も「ノー」とは言えません。そうなると、部下たちもモノを言わないだけではなく、思考停止に陥ってしまう。

石　直近の例で言えば、昨年12月7日にゼロコロナ政策をやめたのも意外でした。後でふれる白紙革命の影響が大きいとはいえ、これもおそらく誰にも予測できませんでした。以来、中国全国で爆発的な感染拡大が起こったため、医療施設が逼迫し、解熱剤などの薬品の入手も困難になりました。多くの人たちがコロナを発症しても病院に行けず、そのまま亡くなる事態となり、火葬場での遺体の処理も追い付かなくなりました。

峯村　あまりにも突然の政策転換であり、合理的とは言えません。

石　ときには我が強くてゼロコロナ政策のように政策を3年も変えない。ときにはあっさりとその政策を変えてしまう。

本来の共産党なら、ゼロコロナ政策をやめるならば、けっこう順序を踏んだはずですよ。

峯村　ゆっくりやりますね。

石　そうです。やめる場合は、まず宣伝工作をやって、薬も完璧に用意しておくでしょう。今回は、もう気まぐれとしか言えません。子供のようなやり方です。

峯村　たぶん本人もしくはその取り巻きが白紙革命の「習近平、退陣せよ」と書かれたプラカードを目にしてショックを受けたからでしょう。規制が厳しい中国のSNS上にも出回っていましたから。これはまずいと思って、「ゼロコロナ政策を早くやめろ」と指示したのでしょう。

石　しかも本人には以前から一種の妄想があって、自分の政策は国民に感謝されることはあっても批判される筋合いはない、と信じていた。

峯村　いいことをやっていると思っていたのに、映像には「習近平、退陣せよ」という文言が出てきて、それが中国全土に広がっていきました。

石　今の習近平の政治のやり方はすべての予測を不可能にします。いつ何どき、何が起こってもおかしくありません。すべてのことが起こり得る。怖いことです。結局、彼はそういうところにたどり着いたと言えるかもしれません。

峯村　まさにその突破口を開けたのが、プーチンといってもいいでしょう。多くの専門家が「プーチンは合理的な指導者だ」と分析していたのに、ウクライナに不合理ともいえる全面的な武力侵攻に踏み切って泥沼化しています。

プーチンは習近平にとって一つのロールモデルともいえる存在です。年齢は8カ月ほど上で、12年先にトップに就いて独裁体制を築いている。習近平分析において、プーチンの先例は重要なのです。

今後の中国と世界の行方を決める最も不安定な要素

石　ここまで習近平の人間的な部分をいろいろと探究してきました。しかし彼を相手にしていると予測は何もできなくなります。

峯村　私が中国に特派員でいたころは、集団指導体制が機能していました。だからこそ、私は日本で先駆けて権力闘争を使って中国政治を分析しました。共産党高官らの人間関係や思考を分析して、「派閥」に分類して政策決定過程をみていくやり方です。それによって中国の政治がどう動くかが、けっこうわかりました。集団指導体制における指導者たちの力関係のバランスを見ていると、こういう政策が出てくるなという予測が可能だったし、また、それが当たりました。

しかし、一強になった現体制では、このやり方は通用しません。

石　習近平の腹のなかにでも入り込まないと、わかりません。

峯村　本人に聞くしかない。

石　いや、おそらく本人も来月、自分が何をやるのか、わかっていないかもしれません。問題は、彼の1つの決断が場合によっては中国人14億人全員に非常に大きな影響を与えるということです。

峯村　世界にも影響を及ぼすので、対象は80億人かもしれません。

石　とすれば、これから中国も全世界も混迷の時代を迎えることになるでしょう。混迷の最大の理由となるのが1人の人間です。戦争にしても平和にしても伝染病にしても経済にしても、我々はそれらを左右する最大の不確定要素、すなわち習近平を抱えることになります。

峯村　しかもそのことを誰も研究していません。これは深刻な問題です。しっかりした「習近平分析」なくして、中国政治の本質はわかりません。習近平研究をしないまま中国の政策を語っているからこそ、日本もアメリカも情勢分析を間違っているのだと思います。

石　習近平は悪い意味において、今後の中国と世界の行方を決めるいちばん不安定な要素になるでしょう。

峯村　そう思いますね。

石　彼を止められるとか、諫めるとか、牽制するとか、そんなことができる人はまったくいなくなりました。

峯村　その最後のストッパーだったのが、胡錦濤だったと私は思っていたのです。それすらも切ってしまった。これで誰も習近平に意見を言える人はいなくなったといえます。

第4章

白紙革命が共産党支配を揺るがす

ある日突然反故にされた共産党と上海人との暗黙の契約

石　2022年11月24日夜、新疆ウイグル自治区のウルムチの高層ビルで火災が発生し、43人の死者が出ました。ゼロコロナ政策のためにその高層ビルが封鎖されていたため、住民の逃げ場がなくなったためでした。

これに国民の不信が高まってゼロコロナ政策に対する抗議活動が起こり始め、上海ではA4サイズの白い紙を持った人たちによる抗議デモが始まりました。白い紙には何も書いてありません。しかし意味するところはゼロコロナ政策を展開した中国共産党への強い抗議です。

峯村　先に、「強すぎる習近平こそが共産党の最大のリスク」だと言いました。習が3期目に突入したたった1ヵ月後に白紙革命が起きたのです。まさに拙著『宿命』での命題が見事に的中しました。権力のピークを迎えた直後に、危機にぶち当たったわけです。

石　まさに党大会が終わって習近平の盤石の政権ができたと思って1ヵ月経ったところで白紙革命が起こりました。

峯村　ぴったり1ヵ月後でした。

石　共産党の歴史を振り返ると、だいたい党大会が終わった直後に国内で大事が起きることはあまりないのですが、今回は違っていた。

峯村　白紙革命の発端は新疆ウイグル自治区です。これまで少なくとも漢族の人たちはウイグル族の人たちにはあまりいい感情を持っていなかった。ところが、いちばん対極にいた上海の人たちが初めてウイグル族の人たちに共感を持って連帯感が生まれた。そして、その怒りの矛先は共産党へ向かい、中国全土に抗議運動が広がっていきました。その意味では、新中国の歴史上初めて14億人の民が一つになった出来事と言っていいでしょう。

石　しかも、ご存知のように上海のデモが起こったのも「ウルムチ通り」でした。

峯村　今回、ウルムチで起きた火災について、上海の人たちが思いを寄せたわけです。私が知る限り、ウイグル族と漢族がこれほどまでに一体となったことは見たことがありません。

石　どうして上海でそうなったのか。1つには、実はゼロコロナ政策以前は政治の世界から意識を遠ざけて、自分たちの生活をいちばん楽しんでいたのが上海人でした。

峯村　確かにそうですね。

石　上海人たちからすれば、北京の政治が独裁であろうと何も関係がなかったのです。中国には「歳月は静かでよし」という言葉があって、中国のネット上にもこの言葉はよく出てきます。

上海人たちの基本的な考え方は、共産党の一党独裁は自分たちにほとんど関係ない。どれほど独裁であろうと、自分たちのライフスタイル、仕事、金儲けがある。西側の例えば東京とほとんど変わらない生活をしています。東京の人たちよりもさらに生活を楽しんでいるかもしれません。意識も完全に脱政治です。

こんな上海人たちからすれば、政治的な反抗をしない限り、独裁政治はいっさい自分たちの妨げにならないし、被害を受けることもない。まさにこれが「歳月は静かでよし」なのです。それでできたのが、西側のライフスタイルを受け入れた上海人たちと共産党独裁政権の共存でした。政治の自由こそなくても、自分たちの財産は守られ、プライベートもライフスタイルも維持できる。暗黙の契約と言えるでしょう。

しかしこれらはすべて潰されました。それがいつかと言うと、昨年の5月からのロックダウンの2ヵ月間だったのです。突然、中国政府の雇ったゼロコロナ政策を徹底するためのスタッフたちが、無限の権力を持って人々の家に自由に入り込み、その行動を封じ込め自由を奪いました。上海人たちの「歳月は静かでよし」が潰れたのです。
上海人たちは初めて、自分たちが自由を享受していても、北京の考え方が変わったら自由が奪われてしまう、ということを思い知らされたのでした。暗黙の契約は反故にされたのです。

峯村 共産党への信頼が崩れたわけですね。
もう1つ付け加えると、ロックダウンのときに私が上海の友人と微信でやりとりしました。友人は「今回初めてウイグルの人たちの気持ちがわかった」と言っていました。まさか自分たち上海人がウイグルの人々のように長期間、行動の自由を奪われるとは思っていなかったのですね。

石 ウイグルの人たちの自由が奪われたり、ジェノサイド的なことをされたりしても、上海人たちは高みの見物をしていました。香港の人たちが反抗運動をしているときもやはり冷ややかに見ていました。自分たちは「歳月は静かでよし」だったから、「あいつら何をやっているんだ」と。
ところが、ロックダウンで同じことが上海人たちの身にも降りかかってきた。共産党に対して何の政治的反抗もしていないのに、自分たちの生活が権力に破壊されていったのです。暗黙の契約があって、政治権力が自分たちのほうに来ないはずだったのに、来てしまったのでした。

峯村　では、それをやったのは誰か、ということですね。

石　習近平だ！

峯村　当時の上海のトップもそうでした。

石　李強だ！

峯村　ゼロコロナ政策に翻弄された中国国民の大部分は、その2人が3期目を運営していくことに不安を覚えて、白紙革命につながった部分もあります。

共産党政権発足以来初の白紙革命による驚天動地のスローガン

石　白紙革命に私自身が最も衝撃を受けたのは、公然と上海の街のなかで「習近平、退陣せよ」「共産党、退陣せよ」という声が上がったことでした。驚天動地のスローガンです。長年のタブーがいとも簡単に破られました。

私も1989年の天安門事件に関わった人間です。当時を思い起こしても、誰も「共産党、退陣せよ」と叫んだことはありませんでした。

峯村　日本で白紙革命の重大性を心底わかっている専門家は、石さん以外はほとんどいませんでした。ほとんどの専門家は「きわめて少数の人がやったことで、大した話ではない」などと言っていますが、私は全く同意しません。

では、白紙革命は天安門事件以来の事件なのか。天安門事件と比べてどうなのか。その点も、だいたいの中国専門家は「天安門事件に比べれば、白紙革命なんて大したことはない。すぐに収まったではないか」と言うのです。これも全然違います。

いろいろ調べました。天安門事件当時、最高指導者だった鄧小平に批判的な声があっても、「鄧小平、退陣しろ」という抗議の声や文書は確認できませんでした。

天安門事件のときには、最大の目的は「政治の民主化」であって、共産党の政策や、共産党支配そのものに不満を抱いていたわけではないとみています。石さん、当時の状況を詳しく教えてください。

石　天安門事件当時は、共産党の統治を徹底的に否定するようなことはしていません。政治の民主化を突き詰めると、いずれは共産党の一党独裁を終結させる必要が生じます。しかし誰もそこには進んでいないのです。漠然として共産党に政治の民主化の方向性を求めるだけであって、共産党政権もそれに歩調を合わせて一緒にやろうじゃないかということでした。

峯村　そうですね。「共産党が下野しろ」という話はなかったですよね。

石　あのころまで、中国の国民には共産党の統治の正統性を疑う、という意識は全然ありませんでした。

峯村　石さんはそうだとしても、一部にはものすごく過激な人もいましたね。そういう人たちも「アンチ共産党」ではなかったのですか。

石　毛沢東の文革が終わって四人組が悪かった、毛沢東も過ちを犯したということになりました。同時に腐敗などいろいろな問題があったため、この社会を変えていこうという漠然とした気運は出てきていたのです。

しかし天安門事件が起こっても誰も共産党の正統性を疑っていませんでした。最も急進的だったウアルカイシとか王丹とかも、少なくとも公の場で共産党の統治を根底から否定するような発言はしなかった。そもそもそんな意識もなかったと思います。

あのころ彼らが公に出した壁新聞やビラにしても、「共産党、退陣せよ」という文言はいっさいありませんでした。すべて共産党の指導の下で国をよくしようということでした。

だから白紙革命の場合、規模の大きさということではなくて、冒頭からかつてと比べて性格が大きく変わったということです。

共産党の統治に対して疑問が生じたのは、むしろ天安門事件の後であって、天安門に集まっていた学生を武力鎮圧したせいでした。ウアルカイシ、王丹、我々も含めて1989年6月4日の前日まで、共産党が武力で鎮圧するとはまったく想像していなかった。どうしてかと言うと、その時点まで共産党は人民の利益を代弁していると思っていたからです。武力鎮圧のようなことをするはずがない。逆に言うと、共産党を信頼しているからこそ、武力鎮圧など考えもしませんでした。

現実にそれが起こったとき、私のような者はもう共産党に見切りを付けたのです。

天安門事件は共産党内のコップのなかの嵐だった

石　ところがその後、共産党は天安門事件の反動で若者たちや知識人に市場経済という金儲けのチャンスを与えました。代わりに「天安門事件は忘れてください」「政治的訴求はもうやめてください」ということになりました。

若者、知識人の民間と共産党との一種の暗黙の契約ができたのです。こちらの暗黙の契約とは、共産党が人々に金儲けの自由、生活の自由、外国に出かける自由、旅行する自由、場合によっては女を買う自由、何でもあげるから、その代わりに共産党の統治を容認せよということです。

峯村　天安門事件後、鄧小平は改めて改革開放に力を入れました。

石　結局、改革開放の加速を訴える鄧小平の1992年の「南巡講話」から白紙革命が起こる昨年の11月までの約30年間、中国の民間の人たちはそういう契約の前提のうえで生活してきたのです。

市場経済のなかで金儲けの自由もできて、共産党が国民の生活には干渉しないから、中国の国民も共産党の統治を容認してきたのでした。しかも最初は仕方なくだったのに、最後は積極的に容認するという雰囲気さえ出てくるようになりました。

アリババの創業者であるジャック・マーでさえ、公の場では「日本では政治が混乱すると首相がよく代わる。その点、中国は安定している」と発言していました。

以上をひっくり返したのが白紙革命だったのです。だから、白紙革命の衝撃は非常に大きい。鄧小平時代以来の共産党政権と民間のエリートたちの暗黙の契約、悪魔の契約と呼んでもいいかもしれない。それが白紙革命によってまさに白紙にされたのです。だから、白紙革命が天安門事件と違うのは、質的な変化が起きて共産党政権と共産党の指導者に対する根本的な否定が生まれたことです。

峯村　指導者や共産党の統治そのものを否定する抗議運動というのは、私の調べた限り、新中国が始まって以来、初めてのことです。

石　繰り返しになりますが、１９４９年に共産党政権が成立してから昨年の11月下旬の上海でのデモまで、公の場で「共産党、退陣せよ」と叫ばれたことは1度もありません。

峯村　天安門事件の真相については、その後にいろいろな外交文書や証言が出てきました。やはり共産党のなかの権力闘争が関係していたのです。改革派と保守派の権力闘争が根幹にあり、これを受けた人民解放軍内も割れていました。結局、天安門事件も「共産党内のコップのなかの嵐」だったわけです。一方、民衆の怒りが当局に向かって、コップの外に出てしまったのが白紙革命だと言えますね。

石　天安門事件と白紙革命では全然違います。天安門事件では鎮圧で多くの若者たちが殺されました。だから、後になって天安門事件に対する一種の美化も生まれたのです。我々も意識のなかで天安門事件を美化しています。

しかし今冷静に振り返ってみると、当時の天安門民主化運動ではそれほど徹底的に民主化を求めたわけでもありません。だから、明確な民主化の構想を、誰も打ち出すことがなかったのです。

峯村　民主化の定義もはっきりしなかった。

石　あのときに学生たちが出した声明などには、三権分立の要求もなければ選挙の要求もありません。漠然として民主化と言っていただけだった。

ただし天安門事件では仲間を殺された、つまり一種の殉教者が出た。それで後になって美化しなければならなくなりました。さもないと、殺された仲間たちの死が無駄になってしまうという思いが強く出てきたのです。

コツコツとつくり上げてきた共産党への信頼は覆った

石　さて、話を現代に戻しましょう。白紙革命で習近平退陣と共産党退陣の要求が出るようになったのは、先に述べたように、「我々国民は共産党に反抗しない。共産党も我々の生活には干渉しないで仲良くやりましょう」という約束がゼロコロナ政策によって潰れてしまったからです。

峯村　その要素は否定できません。「何だ、共産党は我々のためにやってくれると思っていたのに、邪魔しかしていないじゃないか」ということですね。

しかも昨年12月7日にゼロコロナ政策を突然引っ込めたために、感染爆発を引き起こしました。

石　共産党がこれまでつくってきたすべての神話が消えました。それまで大多数の人々は「最後は政府が守ってくれる。大変なことになったら、政府が何かをしてくれる」と思っていたのです。

それがゼロコロナ政策によって政府は何にでも干渉してきた。それで政府によってすべてが奪われた。まず1回目、ゼロコロナ政策で、共産党に対する人々の信頼感が半分以上潰れました。さらに今度はゼロコロナ政策を突然やめてしまい、しかも何の策も打てなかった。薬すら用意しない、ワクチンも準備しない。国民が死んでいくのを習近平政権は見ているだけでした。

ゼロコロナ政策をやってきた3年間、習近平政権がそれを制度化するためのスローガンは「命至上」でした。しかし今は「命至上」はなくなった。

共産党に対する信頼危機は文革が終わったところで1度来ました。その後、せっかくコツコツとつくり上げた「いざとなったら、共産党政権はけっして庶民たちを見捨てるようなことはしない」という信頼感が覆ってしまいました。今、共産党は庶民たちを見捨てている最中ですよ。

峯村　天安門事件のときでさえ、みんな共産党を信じていた。

石　そうです。胡錦濤時代でも、水害とか地震とかがあったら最高指導者が必ず現場に行く。あれは大きかったですよ。

峯村　首相だった温家宝などは災害の現場に行って、よく泣いていました。

石　涙が実際に役に立つのかどうかは別にしても、それで共産党の神話が維持されるのですよ。

峯村　共産党はこれまで民衆の信頼を得ようとコツコツ努力をしてきました。

中国には日本のような全国規模の世論調査はありません。けれども私は、中国で世論調査を実施したとしたら、共産党の支持率は意外と高かったと思います。しかし、ゼロコロナ政策でその支持率は一気に下がってしまいましたね。

石　支持されなくなりました。だから習近平は共産党を潰す気かとさえ思うのです。

共産党の成功体験から外れた白紙革命での政策転換

峯村　中国人を表す最も的確な言葉として、孫文が言っていた「中国人民というのは何億もの乾いた砂だ」という表現です。
中国人は1人ひとりの能力は高いのにサッカーなどは下手じゃないですか。中国人はまとまらない。それが初めて今回、白紙革命のデモによってまとまったともいえます。

石　中国の近代史上、中国をまとめたのは2人の人間ですよ。1人は言うまでもなく毛沢東。彼は自分の方向性でまとめたのでした。要するに、一種の革命的な神話と幻想、またカリスマ性で一時期、完全に中国国民をまとめました。
1950年代、もし毛沢東に対する信頼度を問うたならば信頼度は99・999%だったでしょう。私の父親の世代も含めて1950年代を体験した人の話を聞くと、毛沢東を信頼しなかった人は誰もいなかった。あるいは毛沢東の革命の理想を信じていない人はほとんどいなかった。それで中国はまとまったのです。

一方、もう1人の習近平は反対の形でまとめました。中国国民全体を反共産党でまとめてしまったのです。

峯村　それにしても繰り返しになりますが、白紙革命の分析については、日本のメディアや専門家の分析と真実とがずれていると言わざるをえません。

白紙革命が起きた後の人民日報の1面には、「いかにゼロコロナ政策が素晴らしかったか」とか、「オミクロン株は実は大したことがない」という記事が載っていました。いずれもこれまでのゼロコロナ政策を正当化する言い訳めいたものばかり。まさに、習近平政権が狼狽していた証拠です。

石　おそらく政権も、今回の白紙革命を規模の問題としてではなく、性質の問題としてとらえたのでしょう。白紙革命はこれまでにない運動だったため、習近平自身にとっても大変だったのだと想像できます。

独裁者には落とし穴もありますね。おそらく周辺が彼に持ってきたのは「国民はゼロコロナ政策を支持していますよ」「あなたは国民から非常に敬愛されていますよ」といった話だったはずです。それを本人も信じていたのではないでしょうか。

ところが、蓋を開けたら、「習近平、退陣せよ」とか「共産党、退陣せよ」といったスローガンを叫ばれるようになってしまった。だから本人も大きなショックを受けたはずです。それで狼狽したうえに、いろいろな要素も重なって、あっさりとゼロコロナ政策をやめたのです。

けれども、独裁政権は民衆から思いがけない抵抗を受けたときに民衆の力に屈するようなことは絶対にしてはいけません。政策転換を図らなければならないとしても、民衆の力に屈した形では絶対にやってはならない。なぜかと言うと、民衆側も抵抗が成功したと受け取るので、パンドラの箱を開けることになってしまうからです。それで後はキリがなくなってしまいます。

峯村　今回、中国国民たちは「自分たちの力で政策が変わったのだ」という手ごたえを感じているはずです。だから、次に何か不満があったら、また同じことをやるようになるでしょう。

過去を振り返ると、２００８年に日本政府との東シナ海のガス田合意がその数少ない例ではないでしょうか。あのときは胡錦濤と日本側がガス田問題で合意したときに、中国のネット上には「売国合意」など、強い反対の意見が巻き起こりました。あわてた胡錦濤は翌日人民日報社を訪れてネット版「人民網」を視察して「私は人民の意見に耳を貸します」

と言いました。これは胡錦濤の敗北であり、大失敗でした。ただし今回のレベルの大きさはまったく違いますね。

石　違います。しかも、ガス田の場合は、ネットの反発を利用した共産党内の権力闘争という側面もありました。

峯村　白紙革命は共産党内の権力闘争とは関係ないですね。白紙革命のデモのときには、「以前、中国で反日デモがあった。あれに比べると規模は大したことがない」と言う日本の中国専門家もいました。

それについても、反日デモへの理解が足りないと思います。反日デモは官製デモなのです。私は２００５年、２０１０年、２０１２年と反日デモがあったとき、すべて現場に行きました。

デモ隊に紛れて行進し、ちょっと裏のほうを見ていると、観光バスがやって来て、そこからぞろぞろと出てきた人たちがデモに行くのです。デモを終えて帰って来た人たちは赤い袋に入ったアルバイト代をもらい、その場で待機していたバスに乗って帰って行きました。反日デモの背景には、中国政府による動員があったのです。

後でわかった話ではこのデモも権力闘争でした。江沢民に連なる周永康による胡錦濤への圧力だったと言われています。これもしょせんはコップのなかの嵐でした。しかもコントロールされたものです。

ところが、今回の白紙革命は政権や共産党が全然予測していなかったものでした。

石　政権にとっても習近平自身にとっても、まさに青天の霹靂的な出来事です。共産党の歴史においては、白紙革命の意味は後になってわかってきます。

峯村　私も後世になって中国の歴史に残る出来事になると見ています。

石　そうですね。白紙革命もすぐに終わってしまいましたから。

峯村　まさにすぐ終わったということで、白紙革命を過小評価する人が多い。でもなぜ白紙革命が終わったかというと簡単で、共産党が折れたからですよ。共産党が民衆に妥協したという意味は極めて大きい。

石　独裁政治の鉄則とは、やはり絶対に折れてはいけないということです。

峯村　仮に民衆の声を受け入れたとしても、受け入れたと見せないようにわざと政策変更に時間をかけたりします。今回のようにあんなに早くゼロコロナ政策をやめたというのはこれまでならありえないことです。

石　今は共産党の成功した統治の経験から完全に外れています。それがまた面白いですね。

第5章

沈みゆく中国経済

消費・輸出・固定資産投資の3台の馬車が中国経済を牽引

石　さてここから話を政治から離し、経済に移りたいと思います。

２０２３年1月17日、中国の国家統計局が２０２２年の中国の経済関係の一連の詳細な数字を発表しました。

中国政府が発表した経済関連の数字は昔から、水増しがあるのではないかなど、いろいろな疑念が出されています。ただ、それで数字を全部無視したら何も語れないので、一応、そういう疑念があるという前提で、語っていくということにしましょう。

ただし原則としては中国政府が経済に関して発表した良い数字は多少引き算して、悪い数字だったら多少足し算して、それぞれ考えたほうがいいかもしれません。

峯村　いずれにせよ、過去との比較等も含めて数字には傾向は出てきますね。

石　政府が発表した２０２２年のＧＤＰ（国内総生産）は１２１兆０２０７億元でした。２０２１年と比べれば３％の伸びで、これが一般的に言う成長率です。

中国政府が成長率を発表し始めたのは１９７８年からでした。３％というのはそれ以来

2番目に低い数字です。昨年3月の全人代で中国政府が定めた2022年の成長率の数値目標は5・5%でした。だから大幅にそれを下回ったことになります。

具体的な分野を見ましょう。ご存知のように中国国内で経済学者が中国経済を語るときには3台の馬車という言葉をよく使います。中国経済を引っ張っていく3つの原動力のことです。すなわち消費、輸出、固定資産投資を指しています。

峯村　どの数値も落ち込みが激しいですね。

石　まず消費は落ち込んでいます。日本で言えば小売店の売上高にあたる2022年の社会消費財小売総額は43兆9733億元です。これを2021年と比べれば、0・2%減とマイナス成長になりました。消費が縮小しているというのは中国にとってもけっこう深刻な問題です。

そもそも中国経済のなかで慢性的な消費不足は、これまでずっと1つのネックとなってきています。西側先進国、例えば日本の場合、個人消費率はだいたい50%前後です。アメリカはもっと高くて70%前後。しかし中国はずっと40%以下で、消費が経済全体に占める割合は非常に低いのです。

昨年の43兆9733億元も計算すればGDPの37%以下です。非常に低い。昨年、消費がまた縮小したということが、中国経済の足を引っ張った理由の１つです。消費という馬車には期待できません。

輸出は人民元建てで２０２２年は23兆９６５４億元となりました。これは２０２１年と比べて10・５％伸びています。１割ぐらい増えました。輸出がなかったら中国経済は確実にマイナス成長になりました。

しかしこの10・５％も昔と比べればかなり減っているのです。中国の対外輸出の伸びはこれまで毎年25％前後でした。伸びていることは伸びているとしても、伸び率が落ちています。

落ちた一因はゼロコロナ政策によってあちこちの工場や港が封鎖されて、生産活動が停滞したことでした。つまり、外国から注文があってもつくることができなかった。たとえつくったとしても港も封鎖されているから外に運べなかったのでした。

もう1つの要因はサプライチェーンが中国から移転していることです。工場が中国から出て行ってしまう。以前、中国でつくっていた製品が今はベトナムやインドでつくられるようになりました。

峯村　アメリカのアップルがその典型例です。

石　輸出に関してはドル建てと人民元建てでは金額が違ってくるということには留意しておかなければならないでしょう。

23兆9654億元はもちろん人民元建てです。輸出で稼ぐのは人民元ではなくドルですから、本来ならドル建てにしなければいけません。

ドル建てだと昨年12月は9・9％減でした。2021年の12月よりも約1割ぐらい減っています。しかも過去3ヵ月の10月、11月、12月は連続でマイナス成長になりました。10月は0・3％減。11月は8・7％減です。

だんだんマイナス幅が大きくなっているということです。おそらくその傾向はしばらく続くでしょう。とすれば、輸出という馬車もダメだということになります。

不動産収入が減りPCR検査の費用負担で苦しい地方政府

石　2022年の固定資産投資は57兆2138億元でした。これは前年と比べれば伸びていて5・1％増です。それでも昔と比べればけっこう落ちています。

昔は毎年の固定資産投資が20％から30％伸びた時代もありましたが、それが5・1％増になってしまいました。この固定資産投資ではいちばん元気だったのは公共事業投資であるインフラ投資で、９・４％増となりました。要するに、２０２２年の固定資産投資は政府主導だったということです。

峯村　今の中国の経済政策の焦点はやはり不動産への投資ですね。

石　まさに問題となっているのも不動産開発投資です。これが中国経済で果たす役割は非常に大きい。中国国内では不動産業は支柱産業と呼ばれています。中国経済を支える柱です。それは製造業でもなければ金融業でもサービス業でもありません。

支柱産業である不動産業のなかでいちばん大きいのが住宅です。２０２０年には1年間の不動産開発投資は人民元にすると14・14兆元でした。それを今の為替レートで日本円に直すと約２７０兆円になります。日本のＧＤＰの４割というとんでもない金額になるのです。

しかし毎年こんなことをやっていると不動産をつくりすぎて完全に過剰状態となって、だんだん売れなくなってきます。そして昨年、不動産が売れなくなる事態が起こったのです。

そこでまた国家統計局が公表した数字を言うと、全国の住宅の販売面積は24・３％減でした。２０２１年と比べれば約25％減ってしまいました。売上総額も26・７％減とかなり大幅に減っているのです。企業ならば売上が４分の１も減ったら死活問題となります。それが現実に起きているのです。

不動産が売れなくなると、不動産開発投資も当然減ります。実際、政府が発表した数字では２０２２年は前年と比べて10％くらい減ったのです。10％減というのも大きい。中国の地方政府の財政は土地財政です。地方政府の財政は、国有地を不動産開発業者に譲渡し、その譲渡金をもらって成り立つのです。

不動産開発投資を減らされると不動産をつくらないため、土地を譲渡できません。土地の譲渡金が入らないと地方政府の財政も一気に苦しくなります。だから最近では地方公務員の給料が減らされたりしているのです。

峯村　最新の情報ではほとんどすべての地方政府が、公務員の給与を削減したそうです。

石　それで中国経済の足が引っ張られるのです。固定資産投資の馬車もガタガタです。結局、中国経済では３台の馬車ともけっこう落ち込んでいます。中国経済にとって影響が特に大きいのが不動産市場の衰退です。峯村さんは中国経済をどう見ていますか。

峯村　私が北京にいたころは、経済成長率は８％を維持しなければいけないと言われていました。そのころと比べると隔世の感です。

８％を維持する必要があったのは、当時、そうしないと社会が動乱すると言われていたからです。そう考えると、今はかなり危険だということになりますね。

昨年の成長目標の５・５％というのも衝撃でした。これまでは何とか数字に手を加えるなどして目標をごまかしたりしていたのが、今はそれも限界に来たということでしょう。だから、中国経済が抱える問題は本当に深刻になってきたのでしょう。

私も今注目しているのは地方政府の財政です。これまでは、土地を開発するお金で儲けてきたのが、習近平政権の不動産開発の抑制政策によって制限されています。地方政府も収入が激減しています。地方公務員の給料が減っている原因は、実はコロナなのです。

もちろんコロナによるロックダウンによる経済停滞の影響があります。さらに深刻なのがコロナ対策費で、ほぼすべて地方政府に押し付けられているそうです。なかでも特に負担が大きいのがＰＣＲ検査で、地方政府がその費用をすべて出しています。収入がないのにＰＣＲ検査のお金を出さなければいけないという二重の負担が地方政府に非常に重くのしかかってきたのです。

石　ゼロコロナ政策をやめた理由の１つも、地方政府がＰＣＲ検査のお金を負担しきれなくなってしまったことですね。

峯村　そうです。地方政府の財政はかなり深刻な状況になっているようです。中国特派員時代、「なぜ8％の経済成長率にこだわるのか」と中国の当局者に聞いたことがあります。その最大の理由として挙げたのが、失業問題でした。中国政府が最も重視している経済指標の一つが失業率だそうです。というのも、失業率が増えると社会不安につながり国の統治に影響が出てくるからです。

近年、中国の失業率は表面的にはずっと高止まりしています。とりわけ問題が大きいのが若年層の失業率です。これはさらに高い状況になっていて、昨年7月の段階で16歳から24歳までの若者の失業率は過去最高の20％に達しました。

ただし、中国ではこの失業率も独自の数え方をしています。例えば大学院進学希望の学生を「失業者」から除外しています。それを加えると、もっと多いでしょう。

また、昨年の大学の卒業生は1076万人でした。1000万人を突破したのは初めてのことです。つまり、大学卒業生はどんどん増えているのに、就職先は急速に減っています。なので、若年層の失業率は今後、もっと増えるだろうと予想されています。

石　いずれにせよ、失業者の増加は消費の不振に拍車をかけて、中国経済もますます落ち込むことになりますね。

大量の農民工が失業すると社会不安が引き起こされる

峯村　天安門事件の1つのトリガーになったのも、大学を卒業しても就職先がないということでした。だから景気の問題はやはり社会不安につながります。中国もそういう状況になりつつあるのでしょう。

石　まさしくその通りであって、基本的にどこの国でも経済と雇用がすべてです。また、経済の状況を雇用が表します。

中国の失業問題がさらに深刻なのは、特に農村問題と深く関わっているからです。今や農村では完全に労働力過剰になっています。だから大量の農民工が発生して、都市へと出稼ぎ労働に出ていくのです。つまり都市が農村の労働力を吸収してきました。

昔は日本でも出稼ぎ労働者がけっこう多くいました。ただし日本の出稼ぎ労働者は、もともと農村に生活基盤があって農作業のない時期だけ都市部に出て働きました。

峯村　実は私はかつて中国の農村に住んだことがあります。2週間ほど洞穴で寝泊まりしたことがあります。

石　中国には3億人近い出稼ぎ労働者がいると推計されています。主に都市部を転々として仕事をしているのです。しかし中国経済が完全に落ちてしまうと、少なくとも1億人の出稼ぎ労働者が失業するでしょう。出稼ぎ労働者は、都市に仕事がないからといって農村に戻ってももともと仕事がないので、そのまま流民になってしまいます。中国の歴史では、流民の大量発生は天下大乱の兆しです。

峯村　流民が大量に発生すれば暴動にもつながります。

石　どうやって大量の農民工に仕事を与えるかが問題です。雇用の受け皿の1つが外資企業です。例えば台湾の鴻海精密工業は労働集約型の仕事で大量の労働者を雇っています。鄭州の工場だけでも何十万人もの人々を雇用している。しかし鴻海もベトナムやインドに投資して工場をつくっているので、だんだんと中国からそちらのほうに移転していくでしょう。

もう1つが不動産建築の現場です。あれも単純労働で、これまで農民工を大量に雇ってきました。都市部の人たちは誰もそんな仕事をしないからです。

だから、中国の不動産ブームは農民工が支えてきたとも言えるでしょう。不動産業が中国経済の支柱産業なら、不動産業を支えているのが農民工です。当然ながら、不動産投資がダメになったら、大量の農民工の失業も生じます。

となると、もう政府がインフラ投資で引っ張っていくしかありません。インフラ投資でもつくり過ぎたら意味がないし、しかも地方政府はどこも借金をしてインフラをつくっています。逆に言うと、地方政府の財政が破綻したらインフラもつくれません。今やそのような現状になっているのです。

峯村　日本経済よりも構造がより複雑で深刻ですね。

石　日本では成長率が何％落ちたというのは、単なる経済問題かもしれません。しかし中国にとって成長率は政治問題と社会問題に深く関わっているわけです。成長率が落ち込むと、中国では深刻な政治問題と社会問題が引き起こされることになります。

要するに、習近平政権の３期目はそういう可能性を強くはらんだ経済状況のなかでスタートしたということです。

共同富裕があるために経済回復の大胆な政策も打てない

石　中国の住宅にも当然ながら一戸建てがあります。しかし一般的には一戸建てのほうが面積も広いし価格も高い。同じ広さの土地であれば、一戸建てとマンションであれば1軒あたりの価格はマンションのほうが安くなります。だから需要もマンションのほうがはるかに大きい。一戸建てに住む人は、よほど大金持ちだということです。

峯村　中国の都心部で一戸建てに住んでいる人なんてまずいません。ただし日本と決定的に違うのは、中国は土地が自分のものにならないということです。

日本は人口も減ってきています。それでも東京の不動産価格は下がらないどころか、上がっています。なぜかと言うと、多くの中国人が東京の不動産を買っているからです。その多くがキャッシュで購入します。しかも日本だと土地が自分のものになるのです。これは中国人にとっては大きな魅力となります。

石　日本は法治社会だから、土地を買えば永遠に自分のものです。さらに子々孫々まで土地の所有権を移転させていくことができます。

峯村　その違いは大きいですよ。しかも土地代についても今は、北京と比べると東京のほうが安い。だから中国の金持ちは東京の不動産を買いたがるのです。

石　中国では1平方メートルあたりいくらという形で土地代を計算します。ただし中国では土地は個人所有にはできないので、あくまでも中国の土地代は借地料（土地使用料）なのです。

北京で土地代が高いのが三環路で、ここは東京で言えば山手線の内側みたいなところです。三環路だと土地代は安くても1平方メートル10万元くらいはします。日本円にすると190万円以上ですね。

峯村　北京の場合、土地代は高くても家屋は日本よりは劣っています。新築の家でもつくりが悪く、内装もよくはありません。

石　峯村さんが北京にいたときには不動産バブルの真っ最中で、みんなが不動産に群がっていました。

峯村　当時の不動産バブルは凄かったですね。朝日新聞の北京支局でも中国人の運転手を雇っていました。ある日、その運転手の羽振りが急によくなって、「いいよいいよ、今日の飯は俺がおごるよ」と言うのです。

運転手の給料はそれほど高くありません。しかしその運転手の家が購入時の5倍の価格で売れたそうです。しかもそういう家を3軒ほど持っている。私よりもだいぶ金持ちでした。当時の日本円に換算すると600万円で買った家が4～5年経って3800万円で売れたとか。

石　峯村さんの運転手のほうがはるかに金持ちになった。この例からしても中国経済の成長の実態がわかってきます。1軒の家が5倍上がったというのは全部GDPに反映されます。つまり、家は何も変わっていないのに値上がりだけでGDPに反映されてしまうのです。だから、本当の富は増えていないということになります。1軒の家はあくまでも1軒の家にすぎません。高くなったからといって、10軒に増えるわけではないのです。中国経済の成長の実態もそれで、実際には富は増えていないのにお金が増えたのでした。

逆に、いったん不動産が売れなくなったら大変です。その運転手がどうやって3軒の家を買ったのかは聞かなくてもわかります。すべて銀行からのローンで買っているのです。3軒の家を買って代金をローンで支払う。ただしローンを払っている間に値上がりしたら、転売するわけです。それで儲かる。

けれども価格が下がると転売できなくなって、ローンだけが残るということになります。

これは深刻な不動産問題です。

峯村　今や中国ではそのような状態になっているので、中国政府としてもこの不動産問題をどう処理するかについては、非常に難しいかじ取りを迫られています。

石　そこで不動産バブルを弾けさせたら、経済の規模は維持できなくなります。だから、経済の規模を維持するためには、不動産バブルを弾けさせたらダメということです。不動産バブルは維持しなければなりません。

しかし維持すればするほど、多くの人の投資が不動産に向かうのです。反面、他の産業は衰退していきます。確かにみんなが不動産に投資すると価格は維持できます。しかし多くの人たちの給料も不動産ローンを払うだけで半分以上が消えていくのです。その結果、他の消費をする余力がなくなってしまいます。結局、収入が不動産に食われてしまうのです。

この話のほうが、いろいろな数字を出すよりも、中国経済を理解するうえでは非常に重要だと思います。

峯村　不動産バブルを抑えるために、中国政府は２０２０年に不動産関連企業に対して３つのレッドライン（三条紅線）というものを設定しましたね。これは企業が不動産投資をする場合の3つの条件です。すなわち、「総資産に対する負債比率70％以下」「自己資本に対する負債比率100％以下」「短期負債を上回る現金の保有」という3つの条件を守れない企業に対して銀行からの融資が制限されるなど、規制が行われたのでした。

今後、3つのレッドラインは徐々に緩和されるでしょう。この政策によって大手の不動産開発業者である中国恒大集団は経営難となり潰れそうになったし、地方の不動産開発もこれで抑制されてしまいました。

石 おそらく今年3月の全人代の後に、3つのレッドラインも緩和されているでしょう。

峯村 それでも、習政権が進める共同富裕（共に豊かになること）と絡む話なので、そんなに劇的には緩和されないと思います。貧富の格差が開いてしまうから、そこはなかなか難しい。中国の不動産政策は完全に矛盾だらけになってしまうでしょう。

石 確かにそうですね。鄧小平はかつて、改革開放政策によって富める条件の整っている人や地域が先に豊かになり、残りの人や地域を引っ張っていく形で国全体を発展させるという「先富論」を提唱しました。これに対して、習近平政権は小康社会（ややゆとりのある社会）の実現はある程度達成されたので、今後は先富論の次の段階である共同富裕を目指すという方針を強く打ち出しています。

とすれば、李強政府もこれから非常に苦しくなる。習近平から「経済を回復させせよ」と厳命されても、共同富裕がある以上、大胆な政策を展開することはできないでしょう。とすれば、経済は回復できません。けれども、経済回復のために勝手に政策を転換したら逆鱗に触れてしまいます。

峯村　「お前はクビだ。俺の共同富裕を否定するのか」と言われたら終わりですね。

石　もっとも、共同富裕でバラマキ政策的なことをやろうとしても、財源がありません。

峯村　もしバラマキ政策的なことをやろうとするなら、やはり地方政府に押し付けることになるでしょう。中国では基本的に、国がやりたい政策の費用を地方に負担させる傾向があります。けれども今や地方政府には本当にお金がありません。

共産党への根拠のない信頼感が根拠のある不信になった

石　では、2023年の中国経済はどうなるのか。これについては中国の著名な経済学者である任沢平が年明けに発表した論文があります。

中国人民大学で経済学博士号を取得し、中央政府のシンクタンクである国務院発展研究センターでマクロ研究室主任を務めました。現在は中国民営経済研究会副会長の職にあります。論文のタイトルはずばり、「2023年の経済情勢は盲目的に楽観視すべきではない」です。これは中国国内の経済関連メディアにも転載されて、けっこう注目を集めました。

峯村　信憑性のある論文だと感じました。

石　そう思います。実は恒大集団でも主席経済学者なのです。つまり、恒大集団のお抱えの経済学者でもあります。

そこで論文ではまず、昨年の第4四半期10月から12月までの経済情勢について「生産活動も国内需要も低迷し、外需の減少によって輸出も大幅に下落した。不動産も売れない」と指摘したうえで、「2022年の成長率が2・7%になるだろう」という見解を示しています。

結局、中国政府は3%だと発表しています。しかし彼が出した2・7%という数字のほうが、真実味があるのではないでしょうか。

今年の中国経済の情勢に関しては「2023年の経済情勢の厳しさに対して十分に認識を持つべきであって盲目的に楽観視すべきではない」と述べています。

ただし目下、中国国内では12月に政府がゼロコロナ政策をやめたために、そこからにわかに楽観論が出てきました。楽観論は、ゼロコロナ政策をやめたら生産活動が普通になって消費も戻る、とすれば2023年の中国経済は回復するだろう、というものです。

峯村　まだ楽観視できる状況にはないと思います。

石　実際に国際的な研究機関も、中国の予測において今年の成長率を上方修正してきていますね。みんな楽観論は好きなのです。しかし任沢平は「ゼロコロナ政策を止めて開放に踏み切ると、それで消費も経済も立ち直ると思ってはならない」と悲観的で、手綱を引き締めています。

ではなぜ悲観的なのか。彼は2023年の経済が直面するものとして6つの挑戦というものを挙げています。挑戦とは試練のことですね。中国人は挑戦という言葉が好きで、よく「挑戦、挑戦」と言っています。

6つの挑戦とはまず「感染拡大の反復」です。中国政府の腹積もりとしては3月までにコロナを終息させたい。というのは、コロナが終息して全人代が終わったら、もう経済に力を入れようと考えています。しかし彼によればそんな簡単に収束する保証は何もない。日本でもアメリカでも、やはりコロナの感染には波があります。だから中国だけが1回だけで終わるのはありえないということです。

2番目は「世界経済全体がこれから衰退に入っていく」。実際にアメリカ経済もそうなってきています。となると中国の対外輸出はアメリカ市場、EU市場を頼りにしているので、世界全体がダメになれば、当然、中国の輸出もダメになるわけです。

3番目は「民間経済の経営者は今後に明るい期待や見通しを持てない」。要するに、将来に対して確信が持てないということです。企業は将来に対して確信が持てないなら生産拡大も図りませんし、投資も行いません。

4番目は「不動産市場がすでに衰退期に入ったので、市場の回復は楽観視できない」。これはさきに縷々述べてきたことと合致します。

5番目は「国民が予防的な貯蓄に走る」。これは、雇用状況が厳しくなって失業も拡大し、国民も将来に対して見通しが立たないから、みな予防的な貯蓄に走る。そうしてお金を使わないで貯金すると、消費の回復も期待できないということです。

6番目は「財政が悪化している地方政府の公共事業拡大は望めない」。さきほども指摘したように、地方財政がますます悪化しています。そういうなかでは地方政府も公共事業投資を行って経済を引っ張っていくということはできません。

以上、6つの試練に直面しているため、中国経済の先行きは楽観視できないということです。これをどう評価しますか。

峯村　6点ともその通りだと思います。

いま中国ではやっている言葉は「私はすでにコロナにかかっている」というものです。実際、かかった人を優先的に採用する企業もあるほどです。「1回コロナにかかったらもうかからない」という確信があるからでしょう。しかし日本を見てもわかる通り、コロナにかかる人は、3回も4回もかかっています。

そこは中国人のいいところでもあり欠点でもあると思います。けれども一気に「もうこれでかかったから大丈夫だ」と慢心しているところもあります。私も感染の再拡大はありうると思っており、最初の項目として挙げられているのは納得です。

また最近、政権の方針がすごくブレるようになってきました。政策もブレるからこそ、国民もそれなりの対策を考えているわけです。そうすると5番目の「予防的な貯蓄」が注目されますね。

中国でも日本と同じように貯蓄率が高いのです。これは日本の貯蓄とは意味合いが違っていて、中国では保険とか年金などがしっかりと整備されていないのが大きい。社会保障がダメだから自分で貯めるというのは、防衛本能なのです。

貯蓄がもっと増えると3台の馬車の消費の部分が落ち込む、というのには私も同意です。もちろん輸出も減っています。しかし中国経済が低迷する最大の原因は、やはり消費と不動産販売の落ち込みです。

そして私は経済というのは、何だかんだと言ってもやはり心理状況が非常に大きいと思っています。

石 「景気は気から」ですからね。

峯村 そこで、中国では民心が荒れていると言うか、民の心が不安になっているのは間違いありません。

中国共産党を信じれば大丈夫だと信じていたのに、今回のゼロコロナ政策の突然の転換によって「共産党の政策は信じられない」という不安が掻き立てられてしまい、それが一層予防的な貯蓄に走る要因になっているのではないでしょうか。

今までは共産党に対する根拠のない信頼感は確実にありました。まさに根拠のない信頼感が根拠のある不信になってしまった。

石 それこそ目に見えない大きな変化ですね。

またもや共産主義化する中国から金持ちが逃げ出していく

石　論文の３番目の経営者の話について言うと、習近平政権はここ数年間ずっと民間企業を虐めてきました。基本的にやはり社会主義思想なのです。共同富裕とか共産主義となると民間企業はみんな萎縮してしまいます。

峯村　私は先日シンガポールに行ってきました。中国情勢を相対化するために歴史的かつ経済的につながりが強いシンガポールに定期的に足を運んで定点観測をしたり、中国専門家であるシンガポールの当局者と意見交換をしたりしています。これによって自分の見方も相対化できるわけです。

シンガポールは中華系が多い割には中国を警戒しており、安全保障ではアメリカに依存しています。そういう点では日本に似ており、参考になります。

今回の新しい中国共産党の人事について、シンガポールの当局者らは警戒をしていました。ただしそれは、これまでのような安全保障面での警戒ではなく、「習近平政権で中国経済は大丈夫か」という心配でした。このような新たな対中警戒論は、この十数年間シンガポールに通っていて初めてのことでした。

最も心配していたのは、習近平政権の経済政策です。習近平が2期目に入ったころから、中国本土や香港のお金持ちでシンガポールに移民する人が増えており、ここ数年で倍以上になっているそうです。特に昨年は急増しており、党大会の前後でも倍増したそうです。

一連の中国政府の経済政策を見ていて、不安に感じた富裕層が一斉にシンガポールに逃げてきたのでしょう。「このままいくと市場経済ではなく本格的な共産主義になってしまう。中国は大丈夫か」という懸念です。

シンガポールにはもともと共産主義が嫌で中国から逃げてきている人が多いのです。香港もそうです。だからこそマルクス主義を前面に打ち出して共同富裕を掲げる習近平政権に対する警戒感が他国よりも高いのでしょう。

石　しかも今も中国や香港から逃げたがっているのは金持ちです。国内に見切りをつけたということでもあって、そういう中国の国内情勢もシンガポールにおける中国の見方に反映されています。

峯村　しかも、その程度は半端じゃありません。中国の金持ちが持っているお金は巨額

金持ちが逃げていけば、ますます中国は空洞化していく一方です。

ですから。

石　だから今、中国でも多くの人たちが期待しているのは、習近平が描いたシナリオ通りに3月にコロナが終息し、李強政府が政策的に「経済をやろう」と大号令をかけることでしょう。それに各地方政府も反応して、必死になって経済にテコ入れしてほしい、と願っています。

しかし共産党政権の命令を聞かない存在は2つあります。1つがコロナで、もう1つは経済です。経済もそのロジックがありますから、共産党政権の言うことなど聞きませんよ。政府が必死にやれば経済が回復するというものではない。

峯村　しかも先ほども言ったように、共同富裕を掲げていますからね。これまでのような経済成長は望めないでしょう。

日本で45年もかかった出生数半減を中国は6年で達成

石　中国経済を考えるときにもう1つの大きな要素となるのが人口問題です。中国政府が1月17日に発表した2022年末の人口は14億1175億人でした。前年末に比べて85万人減となり1961年以来初めて減ったため、日本でも大きく報じられました。私が生まれた前年の1961年は大飢饉があった年です。

ここ5～6年間、中国では毎年の出生数、つまり新生児の数がどんどん減っています。中国政府は2015年秋に一人っ子政策をやめて第2子を容認しました。これは2015年の段階ですでに出生数が昔と比べて激減していたからです。

2010年までは毎年の出生数は2000万人以上でした。それが2015年には1665万人にまで減ったため、政府は慌てて一人っ子政策をやめることにしたのです。だから政府は、第2子容認を打ち出すと、当然、国民も一斉に2番目の子供を産むから出生数も爆発的に増えると考えていました。

確かに2016年の出生数は少し盛り返して1786万人に回復しました。ところが、2017年になるとまた落ちて1725万人なり、2018年にはいきなり1523万人まで減ってしまったのです。

2019年にもさらに減って1465万人となりました。2020年はコロナの影響もあって落ち方も大きく、1200万人を記録したのでした。2021年は1062万人となり、2022年はついに1000万人を切って965万人となってしまったのです。

２０１６年から２０２２年までの６年間で出生数は47％も減ってしまいました。約半分になったのです。

日本の場合と比べてみましょう。日本でもやはり１９７０年代から現在に至るまで毎年の出生数は減る傾向にあります。

日本の出生数は１９７６年に１８３万人だったのに、２０２１年には81万人まで減りました。これも47％ほどの減少率です。しかし１９７６年から２０２１年というのは、出生数が半分になるのに45年間かかったということでもあります。

対して中国はわずか６年間で半分になったのでした。非常に極端で、信じられない落ち方です。このように急速な出生数の減少の背景には何があると思いますか。

峯村　一人っ子政策はまさに人工的な人口政策でした。これまで歴史上どの国も経験したことのない壮大な実験といっていいでしょう。したがって、どのような副作用があるのかということも、誰も知りませんでした。今やその副作用が噴出しており、政府もコントロールできなくなっています。

中国政府は２０２１年に第３子まで容認しました。しかし、すでに一人っ子政策は出生数の少ない原因ではなくなっているのです。

私は最大の原因は中国の結婚の慣習にあると思います。結婚するときには、男性側にまず家がないと話になりません。また、結婚する相手側の実家にも相当なお金を払わなければならない。男性側にとって結婚は二重苦となるわけです。加えて、最近では若い人の失業率が高まって、就職も難しくなってしまった。

私の中国の友人は「卒業即失業」と嘆いていました。この言葉は中国で流行ったそうで、大学を卒業した途端に失業が待ち構えているのです。そのくらい悲惨な状況だと言えます。となると、誰が子供を産むというのでしょうか。まさにそういう話なのです。出生数の減少は、人工的な人口政策の弊害に構造的な問題が合わさって起こっていると思います。

すでに文化にまでなってしまった中国の一人っ子

石　一人っ子政策は1979年から始まりました。以来、数十年間一人っ子政策を続けてきた結果、徐々に中国で一人っ子は一種の文化になってしまったのです。政策から始まって文化として定着してしまったと言えます。

だから、中国人はみんな一人っ子に慣れてそれが普通になってしまいました。そのために二番目、三番目の子供を産もうという意欲さえなくなっています。昔からすると考えられません。今はもう一人っ子が当たり前なのです。

峯村　親も一人っ子ですから、親にも兄弟がいません。だから兄弟のいる状況というのもわからなくなっていて、イメージができないのです。これもまさに人工的に出生数を抑えた弊害ですね。

石　そう、一人っ子政策の後遺症は非常に大きいのです。さらに経済状況も悪くなってしまいました。中国の若者たちの間で昨年流行ったのが「寝そべり族」という言葉です。とにかく競争をしたくない、仕事もしたくない、その代わりに欲望も持たない。だから、子供をつくるのはもってのほか、ということになります。

峯村　日本の若者と似ているところもあります。日本でも子供を持つとお金がかかりますから。ただし中国の変化というのは非常に速いのですね。

石　日本が45年間かけてできた状況が中国では6年間でできてしまいました。では、もう6年経ったらどうなるのでしょうか。

峯村　そこで付け加えなければいけないのが、もう1つの副作用の高齢化ですね。相対的に高齢者も増えていきます。中国の高齢化のスピードは日本よりも30年も速いのです。

これもどうするのでしょうか。

石　今年の1月17日に発表された数字では、中国の65歳の人々は人口の14・9％を占めています。すでに高齢化社会になりました。これからも毎年どんどん65歳以上が増えていきます。

私ももうすぐ65歳です。私たちの世代の出生数は年間2000万人以上でした。理論的に言えば、これから毎年2000万人以上が65歳になっていき、一方で生まれてくる赤ちゃんは1000万人以下となります。この落差は非常に大きい。

10年経ったら人口の構造は完全に逆ピラミッド型になります。上の方が大きくなって下の方が小さくなる。ということは労働力不足になって生産性が落ち、年金も破綻する。中国人がよく言うのは「富む前に老いる」ということです。1人あたりのGDPはまだ先進国の半分程度しかないのに、高齢化はもう先進国のようになっています。

高齢者の扱い方については、農村と都市部、民間と公務員では全然違います。政府の公務員の幹部の待遇は特別です。

峯村　昔は農村部の社会保障はゼロでした。しかし今はだいぶよくなってきています。それが習近平政権の数少ない成果でもあるのです。農村部のボトムアップというのがまさに共同富裕の1つということになります。

中国では2025年に高齢化率が20%を超えると予測されています。ちなみに日本の高齢化率はすでに29%を超えていますが、中国は急速に追い付こうとしています。

石　長期的な視点でも、これまでの中国の経済成長を支えてきたのは、やはり人口ボーナスでした。だから労働力が豊富にあったのです。今後、その状況は逆転してしまいます。長期的な視点からも中国の高度成長のピークは過ぎたのです。今度は中国が労働力不足に悩まされるようになります。

峯村　実は一人っ子政策は鄧小平ではなく毛沢東の政策なのです。これはあまり日本でも知られていません。

石　毛沢東も最初はいくらでも子供を産めと言ってました。だから、毛沢東時代でも60年代までは「子供を産めよ、増やせよ」だったのです。ところが、後半になって毛沢東が文革をやってしまったために、経済が非常に落ち込んでしまいました。それなのに人口ばかりが増えてしまうと、もうどうにもならなくなる。というわけで、毛沢東時代の終わりから一人っ子政策を始めたのです。

峯村　毛沢東の政策だったからこそ、中国政府は簡単には変えることができなかった。

鄧小平の政策であれば、もう少し柔軟に対応できたでしょう。すでに2000年ごろから一人っ子政策をやめるべきだという議論はあったのです。けれども、偉大なる毛沢東の政策をやめるのには心理的な抵抗が強い。それで、みんな一人っ子政策の廃止をためらっていました。

文革当時、日本の学生運動の参加者の中には少なからず毛沢東の影響を受けている人がいました。日本にも多くのファンがいるくらいなので中国ではなおさらです。

日本企業もリスクをよく計算してから中国に進出せよ

石　西側の自由世界は、中国を変えたい、中国を世界の経済秩序に入れてあげるから、国際社会と融合してその一員になってほしい、ということでした。

だからアメリカも数十年間、そういう政策をやってきたのです。アメリカの市場を中国に開放し、WTO（世界貿易機関）に加えて世界市場を中国に開放しました。これで中国も世界の経済秩序に入り込み、かつ中産階級が増えて意識が変わり、もっと穏やかな国になると予想していたのでした。

けれども、すべて期待外れになってしまったため、アメリカも完全に政策を変えたのです。アメリカの上院と下院では、中国に対する戦略委員会をつくって、これからはもう中国を助けたり受け入れたりするのではなく、いかにして封じ込めるか、ということを議論するようになりました。

アメリカが国策を変えたら、世界全体も徐々に同じ方向に行くようになるでしょう。当然、日本も方向を転じています。特に先端技術では中国を徹底的に封じ込める。先端半導体、ＩＴ、自動運転などの分野では中国が追い付いてくることを許さない。これはすでに大きな流れになっています。

アップルや鴻海も中国の生産拠点を徐々に他国に移し始めました。この状況で喜んでいるのはまずシンガポールです。中国に行くはずのお金が全部入り込んできます。インドとベトナムも大歓迎です。これは中国の仕事をベトナムとインドが奪っていくということでもあります。

峯村　その話では、日本もあまり感情的にならないほうがいいでしょう。何よりも賢く、いやずるく中国から儲けるのが大事です。

しかし私が講演などで日本企業の人たちと話していると、「中国については、経済安全保障の問題などもあるうえ、「何となく先行き不透明だから、中国ビジネスを全部やめる」という方がおられます。

　そうした懸念はよくわかります。確かにアメリカでは、アップルなどの先端技術に関わる企業とか、バッテリーやＡＩに関する企業などは、どんどん中国とのデカップリングを進めています。バイデン政権は中国への半導体輸出規制など経済安全保障分野に関する政策を矢継ぎ早に打ち出しています。

　一方で、２０２２年のアメリカと中国の貿易額は2年連続で過去最高を更新している事実も見逃せません。日本企業も、経済安全保障の観点からどの分野がリスクがあり、どの分野が比較的安全に稼ぐことができるのかをしっかり情報収集をして見極めるべきです。たとえば、保険や金融では、アメリカ企業が中国に対する投資をどんどん増やしています。そういう分野は習近平政権も開放に力を入れており、着実に開放を進めています。アメリカの企業はしっかり儲けられるところでは儲けるのです。

　こうした分野については、日本企業も中国にもっと積極的に進出して稼ぐべきでしょう。設備投資もそれほど必要ないし経済安全保障とも関係ありません。むしろそこで中国の個人データなどを取れたら取ってしまったほうがいいのです。

確かにほとんど「丸裸」で中国に進出している日本企業が少なくないのも事実です。中国進出するからには、しっかりと「武装」しなければなりません。つまり、中国にどのようなリスクがあるのかをしっかりと情報収集をして、どのように回避するのかを準備しなければなりません。米中のはざまにいる日本の企業は、米国の経済安全保障に関する情報とあわせて、中国のインテリジェンス機能も高めるべきなのです。またアメリカ企業は、中国は地理的にも遠いので、デカップリングも本気でやろうとすればできます。一方で日本企業は、まだ中国に依存している部分が大きく、簡単には中国市場から撤退もできません。

だから、そこは徐々に依存度を減らしつつ、儲けるところではがっちり儲けて、しかもリスク対策を考えてかつ逃げる準備をしておくということが肝心です。

石　上手な現実論ですね。

峯村　ほかに気になるのが中国からの外貨の持ち出しです。中国で儲かってもお金を国外に持ち出すには制限があります。。中国国内で日本企業が儲かっても日本にすべて持ち出せるわけではない。このあたりの規制の撤廃についても官民挙げて対策を進めていくべきでしょう。

石　利益を持ち出せないから、儲かれば中国に再投資せよということですね。中国にとっては非常に都合がよい。しかし相手があることだから、中国だけがいつまでも得するということもできません。

峯村　中国も「責任ある大国」を自認するならば、こうした旧態依然な制度は改善すべきです。

ただ、多くの日本企業の対策は十分とはいえません。習近平政権の特に2期目になって経済政策を中心に大きく変わり、胡錦濤前政権までの中国とは完全に別の国になった、と言っても過言ではありません。そのあたりの急激な変化に、日本企業の経営層の認識が追い付いていない。企業も独自に対中インテリジェンスを強化して、安全にがっつり稼ぐ体制を組織的に整えることが重要です。

第6章

確実に築かれてきた中国包囲網

騙してきた中国に対して遅れたアメリカの対応

石　さてここからは外交問題、とくに米中関係に話を移します。

歴史的経緯を見れば、ソ連に対抗するということで、１９７２年、アメリカのニクソン大統領の訪中が実現しました。そこから米中接近が始まって、それに触発されて日本も中国と国交回復、外交関係を初めて結びました。

鄧小平の時代になると、中国にとっての急務が経済の立て直しということになりました。そのために国内的には改革、対外的には開放を行ったのです。開放というのは外国の資本や技術を導入することで、その点でアメリカの中国に対する寛容さがあったからこそ、改革開放も成功して中国経済も成長できたのです。

天安門事件があった後でも、アメリカが中国に対する最恵国待遇を維持したことで、中国はずっとアメリカという大きな市場にアクセスでき、輸出を急速に伸ばすことが可能になりました。

峯村　そのために鄧小平は「韜光養晦」という方針を掲げました。「才能を隠してその間に力を蓄える」という意味ですね。

石　韜光養晦の下で胡錦濤時代までは対米関係が中国の外交の基本となりました。どんなことがあってもアメリカとの関係を維持するということです。米中貿易でアメリカは巨額の貿易赤字となり、中国は逆に巨額の貿易黒字を享受しました。この黒字がなかったら中国経済はとても発展できませんでした。

アメリカは中国に対して完全な民主化までは無理だとしても、穏やかな国になってほしいと願っていました。ところが実際は、習近平政権の10年間でその流れの逆行する政策を続けてきました。中国は経済が発展すればするほど覇権主義的になり帝国主義的になりました。国内でも独裁政治を強め、人権弾圧もひどくなり、アメリカが期待していたこととは正反対の方向に進んできました。

しかもアメリカから儲けたお金でアメリカに対抗するようになりました。アメリカから技術を盗んで技術的にもアメリカを超えようとする。いくらアメリカ人がお人好しであっても、「俺たちは市場もあげた、技術もあげた。それで現れたのは結局、俺たちにとって最大の敵だった」と怒りますよ。

だからアメリカも習近平に感謝しなければなりません。もし引き続き、韜光養晦の方針を維持していたら、アメリカも騙され続けたでしょう。幸い、彼は仮面を脱ぎ捨てていきなり本性を剥き出しにしてしまいました。それでアメリカも目覚めて、今は民主党も共和党もなくアメリカ政界は反中一色になっています。

峯村　石さんは「いくらアメリカ人がお人好しであっても」と言われましたが、私はアメリカの対応は遅かったと思います。もっと早く中国の脅威に気づかなければならなかったのです。

習近平に感謝というのはその通りで、逆に言えば、中国があそこまで強硬路線を取らなかったらアメリカは気がつくことはできなかったでしょう。そういう意味ではアメリカの対中認識は甘いといわざるを得ません。

石　今はアメリカも中国と接触しながら対立が本当の戦争にならないように管理しようとしています。だからアメリカが期待しているのは中国と仲良くすることではなくて対立をいかに管理するかということです。それを国務長官のブリンケンもいろいろな場面で言っていますね。

それを冷戦と言うべきかどうかはともかく、米中対立はこれからの時代の流れです。しかもアメリカは単独で中国と対峙するのではなく、日本もインドもオーストラリアも韓国も巻き込んで対中国の自由世界の同盟をつくろうとしています。

峯村　そうなってきましたね。

中国への関与政策はオバマ政権時代にすでに終わっていた

峯村　２０１３年、私がアメリカのハーバード大学フェアバンク中国研究センターに、客員研究員として滞在していた当時、米中両国は蜜月でした。特にハーバード大学にはリベラルが多く、親中的な教授らも少なくありませんでした。

石　それはちょうど習近平が総書記になって、２０１３年6月にカリフォルニア州で米中首脳会談を行い、大統領のオバマとの間で米中新型大国関係（Ｇ２）を築いていくという共通認識に達した時期ですね。

峯村　当時はバイデンが副大統領で、日本に来た後、中国にも行きました。このとき、中国が東シナ海に防空識別圏をつくったため、安倍首相が来日したバイデンに対して「中国の防空識別圏に強く反対してほしい」と頼んだのに、中国に行ってもそれをきちんと伝えませんでした。

ちょうど安倍首相が靖国神社を参拝したタイミングでもあった。アメリカとしては、日本は歴史を修正していてけしからんが、それに比べて中国は信用できる、だからまさに米中新型大国関係を構築して世界を米中で管理していく、という話が両国間で進んでいました。

日本にとっては、とても危ない局面でした。あのとき、米中が「G2」で合意する寸前までいっていたのです。アメリカ政府の当局者と話していても、中国に対しては肯定的な感情を抱いている人が少なくありませんでした。米軍ですらそうです。

石　峯村さんが『宿命』に克明に書いているように、習近平が訪米して2日目に起こった会談が特に大きかったのですね。通訳以外にはオバマと2人だけで会談しました。これで、うかつにもアメリカが「G2」の構築に同意したことになってしまいました。私には信じられませんでした。

峯村　当時のオバマ政権の少なくない当局者が「G2」が望ましいと本当に考えていたのです。日本の最大の危機でしたね。

ところが、これも習近平のお陰（笑）で、アメリカ政府が目を覚ましました。1つの転機が2014年11月に開かれた中国共産党が外交方針を話し合う中央外事工作会議です。

そこで習近平が外交方針について演説し、「中国が率先して、既存の国際秩序を中国式に塗り替えていく」と訴えました。

この演説については私がやり取りしている何人かのアメリカ人たちと「習近平は米国が築いてきた第二次大戦後の国際秩序を本気で変えようとしている」という見方で一致したことをよく覚えています。少なくないアメリカの当局者や研究者は、習近平が「危ない指導者だ」と気づいたのです。

もう1つ決定的だったのが、習近平の2015年の訪米です。このときにはホワイトハウスのローズガーデンで会見が行われ、私も現場にいました。習近平はオバマと一緒に2つのメッセージを出しました。「私は南シナ海の軍事化には反対する」ということ、そしてサイバーによる経済スパイをしないことを宣言したのです。

その時会場でどよめきが起きたのを覚えています。この2つのメッセージは、習近平が自分で判断して言及したようです。だから、みんな「凄いことを言った。やっぱりいい奴だ」と思ったのです。

ところが、しばらくして私が会ったアメリカ政府の関係者は、「習近平はとんでもない野郎だ」と怒っていました。というのは、「サイバー攻撃をやめる」と言った翌日には、中国発のアメリカへのサイバー攻撃が急増したからです。さらには、南シナ海の軍事化も止まることなく進められました。

アメリカ政府としては「何だ、嘘つきではないか」ということで、習近平に対する幻想が失望に変わったのです。

石　オバマ政権の２期目でしたね。

峯村　２期目に入った１年目でした。

オバマについては２期目になって変わったとよく言われます。私はずっと見てきたので確信を持って言えます。そのときからオバマとしては、習近平はダメだということで「アジア・リバランス」を本気で進めるようになりました。

石　南シナ海の軍事化に反対すると言った本人が、軍事化を進めているというわけですね。

峯村　つまり、口先だけだった。それが習近平に対するイメージで、それと関与政策の終焉というのが関係しています。

石　アメリカの関与政策は、実際にはオバマ政権時代にすでに終わったわけですね。

峯村　そういうことです。多くの専門家らは、トランプ政権時代からアメリカの対中政策は「強硬になった」と言っています。しかし実際にはオバマ時代の2期目から変わったのでした。オバマ政権の2期目に提唱した「アジア・リバランス」政策がまさにその一例ですね。

石　確かにアジア回帰はオバマ政権がとらえ始めました。

峯村　それを実はトランプ政権がうまく引き継いだのです。今の国務長官のブリンケンに、インタビューをしたことがあります。トランプ政権が始まったばかりのときで、ブリンケンが辞めた直後でした。

私が「トランプ政権についてどう評価しますか」と聞いたら、「トランプは最悪だ。だけど1つだけいいことをやっている。我々が2期目につくった、中国を含めたアジア政策をしっかりと引き継いでいる」という答えが返ってきました。

例えば対北朝鮮で言うと、オバマ政権は2期目に、北朝鮮と関係が深い中国企業に対する制裁に初めて踏み切っています。

対中国でのアメリカのパンダハガーとドラゴンスレーヤー

石　峯村さんの、朝日新聞特派員としてのワシントン駐在は何年からですか。

峯村　２０１５年から２０１８年まででした。ちょうどオバマ政権の半分、トランプ政権の半分ずつに当たります。両政権を同じ時期ずつ観察し、政権移行をつぶさに見てきました。

日本だけではなく、多くの中国の有識者や研究者が、トランプ政権が対中強硬政策を始めた、と言っています。しかし、私は異なる分析をしています。アメリカの対中国政策をトランプ政権だけで見るのではなく、少し長期的に分析をする必要があるでしょう。

アメリカ政府の対中政策は長らく、１９７２年のニクソン大統領訪中以降の関与政策が基軸となってきました。先述した通り、この関与政策を疑問視して対中政策の転換に踏み切ったのは、オバマ政権2期目でした。それをトランプ政権は忠実に引き継いでアップグレードさせたものが、トランプ政権の対中強硬政策なのです。両政権に共通していたのは、根深い対中不信感といえます。

私は、『Ｃｈｉｎａ　２０４９　秘密裏に遂行される「世界覇権１００年戦略」』（日経ＢＰ社）という本を書いた、元ＣＩＡのマイケル・ピルズベリーにインタビューしたり、日本に招いたりして定期的に意見交換をしています。ピルズベリーはこう言いました。「関与政策というのは幻想だった。世界貿易機関（ＷＴＯ）に中国が加盟した２００１年ごろから、私が会う中国政府当局者らがこぞって『共産党は権力闘争ばかりしていて崩壊する』『アメリカと違って資源が少なく少子高齢化も深刻だ』などと問題点をささやくようになりました。しだいに私を含めたアメリカ政府当局者も『中国は脆弱な国で、近く崩壊するだろう』と信じるようになりました。今思えば中国当局は意図的に我々に『中国崩壊論』を刷り込んできたのだろう」。

ピルズベリーの言う通り、２０００年代に入って米国で「中国崩壊本」が出されるようになりました。日本でも「中国は来年崩壊する」という本を毎年書いている評論家もいますが。実際に中国はＷＴＯ加盟後、崩壊どころか急成長を遂げたわけです。根拠のない分析や楽観論に基づく予測をするからこそ、中国のプロパガンダにまんまと騙されるわけです。他山の石としなければいけません。

石　オバマ政権の２期目のとき、アメリカでは政界だけでなくシンクタンクとか、知識人、いろいろな人の発言からして、全体の雰囲気が変わったのですか。

峯村　私の理解としては、アメリカの対中政策というのはこれまで、いわゆる「パンダハガー」という親中派の人たちと、「ドラゴンスレーヤー」と呼ばれる対中強硬派がバランスを取りながら決めてきました。時の政権は、双方の意見を聞いたうえで、対中政策を決めてきたのです。

パンダハガーは、例えば政府関係者、シンクタンクの中国専門家の人とか、ウォールストリートも含めたビジネス界の人たちが代表です。一方、ドラゴンスレーヤーは議会や軍に多くいました。

ところが、２０１８年くらいから、パンダハガーの人たちも中国に疑問を持つようになったのです。

石　むしろパンダハガーにこそ、騙されたという思いが強いのですね。

峯村　パンダハガーにとっていちばんインパクトが大きかったと私が思っているのは、中国が２０１６年につくった「域外ＮＧＯ域内活動管理法」です。ほとんどの専門家は名前すら聞いたことがないと思います。

石　私も知らないですね。

峯村　どういう法律かと言うと、外国のNGOの所管をこれまでの民政省から公安省に移して取り締まりを強めたものです。この法律のターゲットはアメリカにほかなりません。中国当局の統計では、中国で活動しているNGOは7千あり、人権や環境など幅広い分野にわたっています。中でも資金が豊富なのはアメリカのNGOです。こうしたNGOを通じてアメリカ政府が中国共産党を「政権転覆しようとしている」と疑っているのです。中国当局はアメリカのNGOの関係者を次々と拘束したり閉鎖に追い込んだりしています。実は、こうしたNGOと最も付き合いが深かったのが、パンダハガーの人たちです。自分たちの中国の友人やパートナーが次々と拘束されたことで、習近平政権への反発が広まりました。

　さらに、ビジネス界でも中国でどれだけ商売をやってもなかなか外国企業が儲からないという問題も出てきました。そうやってパンダハガーの人たちは激減したのです。というわけで、ドラゴンスレーヤーの人たちが、最近は元気がよくなっています。図式化するとそうなります。

いますね。

トランプの大功績はアメリカ人の目を中国に向けたことだ

石　アメリカではけっこう、シンクタンクのような機関が政治に対する影響力を持っています。

峯村　かなり強い影響力があります。私も昨年11月にワシントンに訪問した際にもいくつかのシンクタンクで意見交換をしました。その中には、バイデン政権に政策の助言をしている専門家や、次期政権に入る可能性が高いとみられている研究者もいました。したがって私が話した内容はおそらく、政権内にも伝わっていると思います。

石　トランプ政権が終わってバイデン政権が登場しました。そのバイデンが副大統領時代の対中国の姿勢については、私も非常に疑問を持っていました。当時は国家副主席だった習近平と表向きにも深い親交があって、訪中のときに２人で一緒に四川省まで行ったのです。息子のハンター・バイデンも中国ビジネスに関わっていました。

それで私はバイデン政権が誕生したとき、対中国政策も一気に親中に向かうのではないかと危惧したのでした。けれども今のところは全然違います。むしろあらゆる意味においてバイデン政権の対中政策は、戦略的にトランプ政権よりもさらに厳しくなりました。これは　どう理解すればいいのでしょうか。

峯村　バイデン政権はオバマ政権の2期目からの連続です。ブリンケンら、オバマ政権の2期目の高官らが、バイデン政権にスライドしています。だから、バイデン政権の対中政策は、オバマ政権2期目から続く対中政策が維持されているのです。

アメリカの歴代政権の政策はだいたい前政権とは反対のことをやります。しかし、こと対中政策に関して言うと、オバマ政権2期目、トランプ政権、バイデン政権と見事に連続しています。それで今、完成形に近い対中政策ができ上ったというのが私の理解です。

その基盤となっているのが、アメリカ国民の対中認識の高まりです。その最大の功労者は、トランプでしょう。選挙期間中から中国問題を提起したことで、国民の中国への関心が一気に高まりました。それまで中国問題は、ワシントンの一部の当局者や研究者が関心を持っていたに過ぎませんでした。

私がホワイトハウスで記者会見に出たとき、中国についての質問をすると他のアメリカメディアの記者らは露骨にいやそうな顔をしていました。「中東のことを聞け」「アルカイダのことを聞け」と言われたこともあります。

ところが、2016年の大統領選挙でトランプは「チャイナ、チャイナ、チャイナ」とずっと連呼したのです。それで国民の中国への関心が一気に高まったとともに、反中感情も上昇しました。

2016年の大統領選挙でも最初、トランプの選挙のラリーを取材に行くと、特に白人が多い場所では私はすごく冷たい目で見られたものでした。みんな「何だこいつは」というような感じなのです。そして「おまえはチャイニーズだろう」と言われる始末で、みんなそもそもジャパンとチャイナの違いを全然知らないというレベルでした。

それがトランプは演説やテレビ番組で、中国との貿易摩擦や技術窃取についてガンガン批判しまくった。一方で、当時の安倍首相とは蜜月関係を強調したわけです。すると、「そうか、チャイナは悪くて、ジャパンはいいのか」とアメリカの人たちも思うようになりました。

これこそトランプ政権の大きな功績だと思いますね。あのまま民主党政権が続いてクリントン政権、バイデン政権になっていたら、アメリカ人も今ほどは中国を厳しく見るようなことはなかったでしょう。

中国はかつてのソ連と同じく戦略的な研究対象となった

石　その後バイデン政権になって、より戦略的に中国に対処するようになったのですね。

峯村　そうです。中でも米議会の対中強硬論の高まりは出色です。

２０２２年１月11日、米下院が「中国共産党との戦略的競争に関する特別委員会」を設立する法案を３６５対65の賛成多数で可決しました。これはバックには国民の対中感情の悪化があったからです。それがないと議会でこれほど民主党と共和党が一致するというのはなかなか難しい。

石　では、このアメリカ全体の対中国の基本的な認識と姿勢は、今後、政権が代わってもそんなに変わるものではないのですね。

峯村　22年11月に行われたアメリカの中間選挙の結果は対中政策をより強硬にするものでした。当時ちょうどワシントンにいて、共和党と民主党の人たちと意見交換をしていました。どちらも「習近平はダメだ。中国との戦略的競争に勝ち抜かなければならない」と異口同音に強調していたのが印象的でした。

中間選挙で、上院では民主党が、下院では共和党がいずれも過半数を占めたねじれ現象が起きています。しかもいずれも僅差です。となると両院とも意見がまとまりづらく法案がなかなか通らなくなる。だから、議会は両党の意見が一致する政策から手を付けることになります。

今両党の意見がまとまる数少ないアジェンダが対中政策です。今後も議会は対中制裁や輸出規制関連の法案を通していくので、対中強硬政策は加速していくでしょう。

先に述べた、中国共産党との戦略的競争に関する特別委員会を設立する法律もけっこう激しい内容です。普通は賛成票と反対票が割れることが多いのですが、反対が65票しかありませんでした。この委員長がアメリカのフォックス・ニュースに寄稿した文書を見ると、「中国との新しい冷戦に勝利するために経済を強化して、アメリカの個人情報を盗まれないようにする」と書いてあります。「中国への過度な経済依存から脱却する」とか、「中国人がアメリカの土地を購入しスパイ活動をしている。その調査をどんどん進めていく」と記されています。

また、「軍事的にも中国の威圧的な行動に対し台湾を支援しなければならない」とはっきりと台湾という言葉を出しているのも特徴です。両党挙げて対中強硬政策で一致している証左といえます。

石　アメリカでは政府よりも議会のほうが対中姿勢は厳しい。アメリカという国は昔から敵が現れると団結してきました。

峯村　アメリカにはそういうところがあります。

石　以前の外敵がビン・ラディンで、今回、またアメリカの外敵が見事に出現したわけですね。

峯村　私にはアメリカに行くと必ず意見交換するシンクタンクや政府の人間がいます。毎回、中国問題をめぐる講演会や意見交換会を設定してくれます。

これまで私の講演会で会った専門家は、中国語ができる人や、中国勤務の経験がある人がほとんどでした。ところが今回、そういう人たちとはほとんど会いませんでした。代わりに戦略家、中東専門家、軍関係者が少なくありませんでした。これはどういうことかと言うと、アメリカにとって中国がかつてのソ連になったということです。つまり、中国はすでに地域研究の対象ではなく、戦略的な研究の対象になったことを象徴しています。

石　議会に新しくできた委員会もまさにそれですね。

峯村　中国はかつてのソ連であり、かつての中東のテロ集団と同じ位置づけになった、といっても過言ではありません。

石　そうか。もう貿易相手というよりも戦略的な相手の中国になったのですね。ものすごく貴重な話だ。

峯村　ありがとうございます。石平さんに褒めていただき、長年米中関係を研究してきた甲斐がありました（笑）。

石　関連して言うと、中国は世界の工場と盛んに言われていました。しかし中国は単なる組み立て屋から脱皮して付加価値の高い製品がつくれる工業先進国を目指し始め、２０１５年に「中国製造２０２５」という経済・産業戦略を打ち出したのでした。ここには「中核の部品や素材の国産化を２０２０年までに40％、２０２５年までに70％にする」という国産化目標も掲げられています。

峯村　「中国製造２０２５」のインパクトは非常に大きかったです。アメリカ人がいちばん大事にしている価値観というのはフェアネス（公平性）なのです。それで言うと、「中国製造２０２５」の取り組みは、最もフェアネスに反する行為なのです。

アメリカの技術とか知的財産を盗んできてアメリカに対抗する軍事力をつくる。アメリカにしてみれば、不法な手段を使って取得した自分の技術を使って競争をしかけてくるわけですから、二重にアンフェアなのです。「中国製造2025」はアメリカ人を非常に刺激してしまいました。

中国もアメリカの強烈な反発がわかって、今は誰も「中国製造2025」を提起しなくなりました。ですが、時すでに遅し。一度火が着いたアメリカ人の怒りはとどまるところを知りません。

石　それも習近平の大きな功績ですね（笑）。

三重の輪によって同盟国のない中国を包囲していく

石　対中国関係ではアメリカだけではなくインド太平洋という地域でも2020年から緩やかでありながらも対中国の枠組みのクワッドもできてきました。南シナ海のほうは軍事同盟のオーカスが動き出しています。

もう1つの大きな変化はNATO（北大西洋条約機構）です。もともとヨーロッパをソ連から守るための軍事同盟だったので、これまでは中国問題とほとんど関係がありませんでした。それが2020年6月にイギリスで開催された首脳会議の共同声明において「中国は我々の秩序に対する挑戦をしている」と、NATOの歴史で初めて中国を名指しで批判したのでした。昨年のNATO首脳会議でも共同声明で同様に中国問題に言及しています。

また、NATOの有力な加盟国であるイギリスのロンドンで、日英首脳会談が行われました。そこではまるで準軍事同盟のような雰囲気になったのです。イギリスは2021年に日本海にイギリス海軍を派遣しています。日本海にはドイツ海軍とフランス海軍もやって来ました。

NATOも少しずつ矛先を中国に向けてインド太平洋地域で起きるかもしれない紛争を警戒するようになっているのです。この変化についてはどうお考えですか。

峯村　これも中国がマターになってきていることの証左です。アメリカのマターになると、世界のマターにもなります。実際、中国の急速な軍拡に対する脅威は世界共通になってきています。

クアッドとオーカスに加えてIPEF（インド太平洋経済枠組み）を含めた対中国包囲網は非常に重要だと思っています。IPEFは自由で開かれたインド太平洋を経済面で実現することを目指すもので、参加しているのはアメリカ、日本、オーストラリア、ニュージーランド、韓国、インド、フィジー、ASEAN7ヵ国（インドネシア、シンガポール、タイ、フィリピン、ベトナム、マレーシア、ブルネイ）の合計14ヵ国です。

ただ、先日ワシントンに行ったときに、バイデン政権の人たちはIPEFについてはあまり自信がないように感じました。というのも、あるバイデン政権の関係者から「峯村さん、IPEFについて批判的に見ているでしょう」と聞かれました。「そんなことはないですよ。なぜですか」と私が問い返すと、「同盟国はTPPの劣化版と見ているのではないでしょうか」という答えが返ってきたからです。

私は「中国に対して最も効果的な圧力は、多国間による枠組みです。同盟国がほとんどない中国にとって、中身よりもIPEFのような幅広い多国間の枠組みを警戒するからです」と解説しました。

このバイデン政権がIPEFに自信を持っていないのは意外でした。なぜなら、バイデン政権が同盟関係を駆使して対中圧力をかけていることを私自身は評価しているからです。クアッドという経済安全保障的なスキーム、オーカスという軍事的スキーム、さらにIPEFという経済的なスキーム。この三重の輪によって中国に圧力をかけるというのはすごく意味があることだからです。

ＩＰＥＦを含めた三重輪をしっかりと機能させるためにも、日本の役割は重要です。なかでもクワッドは安倍元首相の働きかけがなかったら絶対にできませんでした。アメリカとインドはあまり仲がいいとは言えません。それをつなげたのが日本でした。今後とも日本はそのような役割を担っていく必要があります。

中国には基本的に同盟国がないのです。北朝鮮はどうかと言うと、中国にしてみると頼りになるというよりはむしろ面倒な存在です。同盟国がないからこそ、中国は多国間の枠組みに対して非常に神経質になっているのです。であれば、こちらはその中国の弱みをどんどん突いていけばいい。

ヨーロッパ重視が早めに外相を交代させた意図なのか？

石　全人代が終わったら習近平政権は経済と同時にアメリカおよびＥＵとの関係改善に乗り出すかもしれません。全人代の前に外相を交代させました。これは珍しいことです。本来ならば外相の人事は全人代で行うことになっているはずです。

峯村　私は今度外相になった秦剛を取材したことがあります。私が北京特派員をしていた時の報道官でした。一言でいうと「元祖戦狼外交官」です。先日報道官から辺境・海洋事務局副局長に飛ばされて戦狼外交官と呼ばれた趙立堅とは比較になりません。秦剛のほうがよほど激しかったですね。会見でも、アメリカや日本などに対して、厳しいことをバシバシと言っていました。秦剛が外相になって、戦狼路線はさらに強まると見ています。

石　秦剛が急いで外相に起用されたのは欧米との関係を改善しようということではないのですか。

峯村　全然そうではないでしょう。秦剛はワシントンの大使をしていた時にアメリカの高官とほとんど会えていませんでした。バイデン政権から警戒されていたからです。おそらく、秦剛はバイデン政権やアメリカそのものにいいイメージを持っていないでしょう。外相としてアメリカとの友好関係の構築に尽力する可能性は低いと見ています。

石　ということは、習近平政権が全人代後に欧米との関係改善を行おうとしても、結局、今の面々では信用されないということですか。

峯村　そもそも中国側には少なくともアメリカとの関係改善をするつもりはないと思うのです。だから米中対立は続いていきます。

ただし秦剛はイギリスに赴任していたことがあるので、ヨーロッパ重視に動く可能性は否定できません。アメリカとの対立を念頭に、ヨーロッパ諸国の取り込みを図るかもしれません。

石　では、新しい李強政府はヨーロッパの切り崩しを図るのですか。

峯村　やるでしょう。アメリカから何とかヨーロッパを切り離そうとするためにツールとして使うのがロシア・ウクライナ戦争だと思います。

石　そのために中国もヨーロッパが喜ぶようなことはしなければなりませんね。

峯村　ロシアとウクライナの仲裁役を買って出るとか、ウクライナの復興で存在感を示すとかは虎視眈々と狙っていると思います。

石　ＮＡＴＯは別として、ＥＵはそれに飛びつく可能性は高いでしょうか。

峯村　わかりません。ただし飛びつくようなことも十分にありえます。ヨーロッパにとって最も重要なファクターは、ウクライナ危機を含めた対ロシア政策です。そういう点で中国の付き合い方がアメリカとは違ってくる可能性はあるでしょう。

石　けれども結局、全体を動かす軸になるのは、やはり米中関係になるのではないですか。米中対立が基本構造になると、後は大局も決まってしまいます。日中関係も米中関係に影響されるし、中国とEUの関係も、米中関係と切り離して考えるというのは無理かもしれません。

峯村　ただ、そう簡単にヨーロッパを取り込めるかは疑問です。中国・EU投資協定でも中国は発効を間近に控え、EU側を怒らせてしまってご破算になった経緯がありますから。

仲が悪くても対アメリカによって中露の関係は続いていく

石　秦剛外相は2023年1月9日、ロシアのラブロフ外相と電話会談を行いました。そこで、中露関係は「非同盟」「非対立」「第三国を標的にしないこと」を基礎に築かれているとの合意に達しました。

しかし、わざわざ「非対立」を持ち出してきたのはなぜか。友好関係があるならば、「非対立」は言うまでもないことです。

この会談の内容を発表したのは中国側でした。とすると、習近平政権はこれからロシアとの関係をある程度見直すつもりなのでしょうか。

峯村　そこにはやはり昨年2月に北京冬季五輪の開幕式に合わせて行われた習近平とプーチンとの中露首脳会談について、中国側はロシアにあまりにも肩入れし過ぎた、と反省しているからだと思います。事実上の軌道修正といえます。

ただし軽視できないのはプーチンと習近平の2人の個人的な関係です。これだけウクライナ戦争が長期化してプーチンが追い込まれていても、習近平はあっさりと切り捨てたりすることはしないでしょう。プーチンがいる限りは、中露関係は磐石だと思います。

石　完全に切り捨ててプーチン政権が崩壊したら、習近平もけっこう心細くなるでしょうね。

峯村　プーチン政権を崩壊させないということが中国政府にとっての最も重要なレッドラインになっています。

石　中国は北朝鮮に対しても同じような戦略を取っていますね。北朝鮮が暴れすぎると中国も困る。けれども北朝鮮が崩壊したら中国はさらに困る。

とはいえ、習近平がプーチンの背中を見ながら兄貴だと慕ってラブコールを盛んに送っていたのに、ウクライナ戦争でロシアと中国の立場は完全に逆転しました。

峯村　ウクライナ戦争までは、年齢的にも8ヵ月年上のプーチンがお兄さんで習近平は弟という関係でしたね。

石　習近平はもうプーチンの前でも余裕しゃくしゃくという感じです。

峯村　昨年9月のカザフスタンでの中露首脳会談では習近平の方が明らかに上から目線でした。

石　そうだとしても、逆にそうだからこそ、中国とロシアは今以上の同盟関係になるのでしょうか。

峯村　日米同盟みたいなことはあり得ません。ただ1つ言えるのは「敵の敵は味方」ということです。アメリカに対する牽制としてはお互い相手の存在は便利だと思っているでしょう。付かず離れずの状況が続くのではないですか。

石　それにしてもプーチンはウクライナへの武力侵攻という間違った道を選んで失敗しました。自分が20年かけてつくり上げたものを自分の手で壊して、習近平の子分にもなってしまいました。

峯村　これは屈辱でしょうね。ただ、歴史を振り返ると、根本的には中露はものすごく仲が悪いのです。両国は4千キロにわたり国境を接していて戦争をしたこともあり、多くの矛盾を抱えています。しかし仲が悪いというファクターを抑えつつ、2人はもう40回会っています。だから個人的な関係も強いのです。

ウクライナ戦争によって、ロシアの経済は困窮してきて、今後、中国への依存度は高まっていくでしょう。２人は個人レベルだけではなく、国レベルでも不可分の関係になる。

石　いくら矛盾があってもロシアとしては中国に依存する以外に選択肢はありません。

第7章

台湾有事は現実化する！

台湾侵攻に備えて党と軍に配置された肝いりの二枚看板

石　さて最後に本書の締めくくりとして、習近平政権が世界の秩序を揺るがし、共産党政権の存亡をかけて行うであろう台湾侵攻問題について、考えていきます。

昨年の中国共産党大会では政治局人事で仰天の大抜擢がありました。党大会の前には中央委員会の候補委員にすらなっていなかった何衛東という軍人がいきなり政治局員に抜擢されたのです。

党幹部の昇進では、普通はまず中央委員会の候補委員になってそれから中央委員に昇進し、運がよければさらに政治局員に昇進します。中央委員にもなっていなかった人物がいきなり政治局員になるようなことは滅多にありません。今回それが起こったのです。

さらに中央軍事委員会の副主席の2人のうちの1人にも抜擢されました。これで党と軍の指導部に入ったということになります。そんな人事ができるのは当然ながら習近平しかいません。何衛東は党大会直前の9月まで人民解放軍の東部戦区司令官で、それを3年間務めました。東部戦区とはどういうところかと言うと、まさに対台湾の軍事の最前線なのです。

その司令官をいきなり政治局と軍事委員会に抜擢した理由は、3期目の今後5年間のうちに台湾戦争に踏み切ることを強く意識したからとしか思えません。

峯村　完全に同意します。おそらく何衛東が副主席に昇格することを予想できた専門家はほとんどいなかったでしょう。

何衛東は、アメリカ下院議長のペロシが昨年8月に訪台をした後、「台湾封鎖」演習を指揮した時に注目されました。その演習を評価されて抜擢されたのです。このことからも、習近平は台湾統一に向けて着々と布陣を敷いていると見ていいでしょう。

また、もう1人の軍事委員会副主席である張又侠も政治局員に残りました。すでに72歳ですから異例の残留です。父親も軍人で習近平の父親らと共に国民党との内戦で戦ったし、張又侠自身も実戦経験があります。

石　それは1979年の中越戦争のときですね。中国は「自衛反撃」と称してベトナムに対する軍事侵攻を行いました。そのときに張又侠は連隊長として部隊を率いてベトナムで戦い、勇名を挙げたのです。

彼は77才になるまでの5年間、現役の政治局員・軍事委員会副主席を務めなければなりません。その点でも共産党のなかできわめて異例な人事です。

峯村　習近平政権になってから抜擢された軍幹部をみると、中越戦争に参戦した人物が少なくないことです。実戦経験を重視していることがうかがえます。

石　あの中越戦争は人民解放軍が戦った最後の戦争でもあります。

峯村　結局、中国が負けていますが。それでも、あの中越戦争に参戦しているかどうかが中国軍にとっては極めて重要なのです。

東部戦区で台湾に対峙してきた何衛東と、実戦経験のある張又俠が人民解放軍の二枚看板なのです。

石　２人とも軍事委員会副主席と政治局員として習近平を補佐することになりますね。

峯村　そういうことです。

朝鮮戦争さえ起こらなければ毛沢東は台湾を併合できた

石　台湾をすごく意識した人事だということになれば、そこは習近平政権10年間の総括の意味も含めて、彼の政権で対台湾については基本的にどういう変化が起きていると考えますか。

峯村　まず共産党にとっての台湾問題とは何かという話です。実は毛沢東と密接に関係しています。毛沢東にとって果たせなかった夢が台湾統一なのです。

内戦で共産党に敗れた国民党は１９４９年までに台湾に逃げ延びました。それに関する歴史については私もこれまでいろいろな文献を読んできました。実は共産党はもう少しで台湾を併合できるところまできていたのです。

石　確かに１９５０年に朝鮮戦争が起きなかったらそれが実現しましたね。

峯村　もともと共産党としては、北朝鮮が韓国に武力侵攻して朝鮮戦争が始まった6月25日の2日後に、台湾を攻撃する計画がありました。それが朝鮮戦争勃発によって潰れてしまい、中国共産党も人民義勇軍という形で参戦せざる得なくなったのです。参戦も自主的にではなく、ソ連のスターリンから圧力を受けたためでした。歴史に「もしも」はありませんが、朝鮮戦争さえなければ台湾を併合できた、というのは中国共産党内の共通認識となっています。

また、習近平が２０１2年に政権を発足させた際に打ち出した政治スローガン「中国の夢」の最も重要なファクターが祖国統一なのです。「台湾統一なくして『中国の夢』の完成はない」と中国の軍人や官僚は口をそろえて言います。

石　しかも台湾統一は、中国にとって職業も派閥も関係なく、国民の最大公約数の願望なのです。

峯村　14億の「砂が」本当に1つになるのは台湾統一しかありませんね。

石　それを峯村さんも肌で感じるでしょう。

峯村　感じますね。「そうは言っても、中国共産党は血を流すことを嫌がって、台湾への侵攻には踏み切らない」などと言っている日本の中国専門家はいます。しかしそれは違うと思います。たとえば、「武力によるものも含めて台湾統一に賛成ですか、反対ですか」と中国国民に世論調査をしたら、99・99%が「賛成」と答えるでしょう。

石　しかも全部本心からの答えですね。それが日本人にはなかなか理解できません。

峯村　なぜ理解できないのかがわかりません。私は中国の人々とずっと議論してきたので、断言ができます。

石　個人的な体験からしても、私の友人にも天安門事件に関わった者、反共産党である者などいろいろいます。しかし台湾を併合することについては関係ありません。意見は一致しています。日本の新聞なら左の朝日から右の産経まで全部、台湾を併合しようと主張しているようなものです。

中国で友人たちに対して「台湾は独立すべきだ」と主張したら、その場で半殺しになります。

峯村 思想信条にかかわらず、でしょうね。

石 中国の場合、イデオロギーの議論についてはみんな建前を言います。しかし台湾問題だけは建前の議論ではなく常に本音なのです。

峯村 中国にいた7年間、中国の政府や軍の人たちやその家族とほぼ毎晩、酒を飲んで意見交換をしてきました。そのたびに「なぜ強大になった解放軍は台湾みたいなちっぽけな島を奪えないのだ」「祖国の完全統一なくして我が国の復興はあり得ない」といやと言うほど聞かされました。

おそらく表面的な会談しかしていない外交官や、中国の官製メディアを見て記事を書いている特派員にはわからないでしょうね。

民族を1つにする拠り所は台湾の統一以外にはない

石 では、峯村さんはジャーナリストとして、なぜ中国人が台湾に対して、宗教的信念のように「併合すべき」と考えていると思われますか?

峯村　2005年に私が初めて北京に行ったときから、中国共産党は台湾統一を本気で実現しようとすると確信していました。だからこそ、北京特派員時代に中国人民解放軍を含めた安全保障問題を取材しました。そもそも当時、真剣に解放軍を取材している北京特派員はほとんどいませんでした。なぜかと言うと、人民解放軍はあまり強くなかったし、取材するのも困難を極めていたからです。

私は2008年に中国軍の空母建造計画をスクープしました。しかし、当時の日本の防衛省や自衛隊、米軍関係者からも「中国軍が空母を造れるわけがない」と一笑に付されました。

長年中国軍を取材して、すべての戦略目標が台湾統一のためだったことがわかりました。台湾有事の際、アメリカ軍に軍事介入されないように、必死になってアメリカ軍に追い付こうと軍事増強を図っているのです。

また、台湾問題というのは中国人にとって憎しみがいちばん凝縮されたものといえます。その憎しみも2つあって、1つが大日本帝国軍に対する憎しみ、つまり、清の時代の軍隊が弱かったから日本に負けて台湾を奪われたということ。

もう1つは、共産党が戦った国民党に台湾が取られたままだという憎しみです。この2つの怨念が込められたのが台湾問題なのです。これを解決しない限り、中国共産党も中国国民も納得しないでしょう。

石　結局、そうなのですね。もう1つの要素である教育も凄かった。中国国内の人たちが政治的傾向は別にして信じていることで一致しているのは、アヘン戦争以来、我々の民族が大変な屈辱を受けてさんざんひどい目に遭ったということです。

もちろん今になって西洋列強が中国にひれ伏すことはあっても、虐めることはありません。唯一、この屈辱の記憶を全部現実に引きずっているのが台湾なのです。

峯村　おっしゃる通りです。こうした要素は実は、香港にもありました。香港はイギリスにアヘン戦争で敗れて奪われた屈辱の歴史の出発点だからです。

ただし香港はイギリスや日本に関する憎しみが主です。台湾はここに国民党の要素が加わるわけですから、レベルがはるかに上なのです。

石　なるほど。その一方で、中国の長い歴史のなかでは秦の始皇帝以来、統一に対する一種の宗教的信念みたいなものもあるのです。

峯村　どういうことですか。

石　中国は統一されなければならない。それで秦の始皇帝は中国の大陸を統一しました。しかし中国には人々をまとめる宗教がないのです。以前は毛沢東のカリスマ性で人々を固めたのです。それがなくなった今は、中国人は政治的な考え方が別の者同士でも、最後は台湾統一で見事に一致するようになりました。

とすれば、むしろ話は逆になるのです。最後に民族を１つにする拠り所は台湾の統一以外にはないということになったのでした。

峯村　それは重要な要素ですね。このあたりもなかなか日本人には理解できません。香港も実はそうだったのです。なぜ習近平はわざわざデモを強圧的に弾圧して、国家安全維持法を制定して香港を手中に収めようとしたのか。中英共同声明で定められた２０４７年まで待っていれば、自動的に香港は完全に中国のものになったのにもかかわらず。

その理由として、石さんがおっしゃった統一に対する異常なこだわりがあったのは間違いありません。たとえ条約や外交関係を悪化させても、国家は統一させなければならないという考え方なのです。

石　残念ながら香港の人々が自由を守るために戦ったとき、大陸の人たちは誰も同情しませんでした。

峯村　大陸の人たちにとっては「俺たちの領土だよね」ということですから。

石　「おまえたちは許さない」ということでした。

峯村　それはすごくありますね。私の知り合いの中国人の中にも、香港の一国二制度には疑問を呈する人は少なくありませんでした。「だって一国でしょ。一国なのだから一制度でいいんじゃないか」というのが中国人の頭のなかにありますね。

経済損失や失敗よりも何もやらないリスクのほうが大きい

石　習近平政権がスタートしてしばらくは、台湾がまだ馬英九政権のときで、台湾の一国二制度についてもまだ柔軟姿勢で対応していました。ただし全体的にはやはり着々と台湾侵攻の準備をしていたのです。

峯村　ずっと準備をしています。昨年8月のペロシ訪台後の人民解放軍の演習はそうとう綿密にやっていたし、能力も向上していると思いました。

人民解放軍は陸海空ミサイル部隊も含めて統一の作戦ができることを証明しました。日本にとっては深刻な脅威です。

石　おそらく外国から台湾問題を見るとき、ウクライナに武力侵攻する前のプーチンに対してと同じように、多くの論調では「そんな戦争をやっても中国のためには何もならない、経済もダメになる、制裁も受ける」ということになっています。

しかし考えてみれば、習近平だけではなく中国の国民にとってもそういうことはどうでもいいのです。

峯村　核心的利益のなかでいちばん重要なものは何か。それはまさに共産党の統治であり、国家の安全、さらには領土の統一があります。核心的利益というのはどんな犠牲を払ってでも取らなければいけない国益という意味なのです。

石　でも核心的利益という言葉は往々にして誤解されています。というのは、共産党が利益という言葉を使ったからです。共産党の言う「核心的利益」は経済の尺度で計れるものではないのです。

峯村　いまだに日本の学術界やメディアを含めて、習近平は台湾侵攻をしない、という意見の方が根強いです。その理由として、①海外との貿易や投資に影響が及んで経済成長にダメージとなりうる②台湾侵攻に失敗するリスクがある③友好国のロシアがウクライナ侵攻に苦戦している、という主に三つに集約されるでしょう。確かに中国にとって経済成長は重要です。しかし、先ほどの核心的利益を考えると、「経済成長」は「国家統一」と比べると優先度ははるかに下です。

リスクについても、侵攻して失敗することと同時に、何もしなかったことも考えるべきです。果たして習近平が任期を延長したのに、何も着手しないことが共産党内で許されるのでしょうか。

ウクライナ問題についても、お友達のプーチンはロシアと陸続きのウクライナですら占領するのに苦戦しているのだから、海を挟んだ台湾に侵攻しようというのはあきらめるだろう、という意見が大勢を占めているのでしょう。しかし、そもそも台湾海峡は何千年も前からあるわけですから、ウクライナ戦争とは全然関係のないファクターです。

石　そうですね。特に習近平にとっての最大のリスクとは統一しないことだと私は思います。やはり、習近平においては統一しないリスクは非常に大きい。何もやらないリスクとも言えますね。

峯村　習近平自身が自らこのハードルを上げています。昨年の共産党大会の政治報告で初めて台湾統一での武力行使の可能性にこう言及したのです。

「台湾問題を解決するのは中国人であり、中国人が決める。台湾の平和的統一に最大限の努力を尽くすが、武力の使用を放棄する約束は絶対にしない。それは、外部勢力や台湾独立勢力に対するものであり、けっして大半の台湾同胞に対するものではない。祖国の完全統一は必ず実現せねばならず、必ず実現できる」

会場からはその日もっとも長い約30秒間にわたる大きな拍手が響き渡りました。共産党にとって最も重要な大会で「祖国の完全統一」を内外に公約として宣言した意義はけっして小さくありません。

党内にどのような考え方の違いがあったとしても、台湾問題だけは例外であり、「祖国の統一」は党の総意であり、習近平政権3期目の最優先課題なのです。5年に1度の党大会における政治報告での宣言は5年間の政権公約ということでもあります。だから、その重要会議で宣言した以上、5年以内にやらなければいけない。

石　3期目でやらなかったらどうするのか。3期目で片づけた後に4期目に入らなければなりません。

峯村　習近平が台湾問題さえ「解決」すれば4期目どころか、終身制も十分ありえます。

石　台湾を併合したら彼の地位はもう永遠に盤石になります。死後までも盤石です。

峯村　さらに毛沢東を超えます。中華民族の最大の英雄として歴史に刻まれるでしょう。

中国で通じる「台湾統一のためにみんなで我慢しよう」

石　確かに経済損失のリスクがあって失敗するリスクもある。しかし常に習近平が台湾統一の意欲を掻き立てるのは、成功したら凄い世界が訪れるからです。

台湾統一に成功したらアメリカも大きなダメージを受けて、もとより日本は中国の属国になる可能性が高い。そういう意味では彼はすべてを超えた存在になれるのです。

要するに、成功の誘惑があまりにも強すぎる。外国人にはなかなか理解できないかもしれません。実はプーチンも同じことでした。これから習近平にとってすべてが成功するという情報になります。

峯村　今の状況で習近平に「台湾統一はできるんだろうな」と聞かれて、「いえ、まだ問題があって、できません」と答えられる中国軍幹部はいないでしょう。

何衛東が「すいせん、習主席、ちょっと今いろいろウォーゲームをやってみたところ、負けそうです」と言ったら、翌日に「汚職容疑」によって拘束されかねません。

石　だから、これから2027年の党大会まで台湾有事が起きる確率が非常に高い。

峯村　経済のリスクでも「習主席、もし台湾に侵攻して失敗したら」なんて口が裂けても言えないし、「やったら巨額の損失が出ます」と助言しても「だから何だ」と言われて終わるでしょう。それだけ中国共産党にとって、台湾の価値はプライスレスなのです。

石　何もしなくても、そもそも中国経済はダメになってしまいます。だからむしろ戦争をやったほうが経済の混乱を収拾できる可能性もあるのです。経済全体を軍事統制下にも置けます。ここまで話がつながったら、もう戦争が起きるでしょう。

峯村　胡錦濤時代は武力行使という言葉を明言しませんでした。当時、言われていたのは平和統一と一国二制度でした。今は台湾に対して一国二制度を適用するという当局者はいません。

石　もう完全に消えてしまいました。

峯村　中国はすでに前政権までとは違う国になったのです。にもかかわらず、いまだに古いスコープで中国を見ているため、ありえないリスクがどうのこうのと言う話が出てくるわけです。確かに経済の重要性というのは改革開放時代、鄧小平につながる胡錦濤までは説得力がありました。

今は時代が変わって、中国は大国になったという自負があります。これだけ豊かになったのだから、我々の夢を実現しようと確信をもっているわけです。

石　しかも、中国経済がダメになって戦争をやってさらにダメになるとしても、しかし台湾を統一するためにみんな我慢しようというロジックは中国では逆に通じるのです。

峯村　どんなに貧しくなっても関係ない。

石　台湾は統一するという話になるのです。もう少し飛んでしまう話をすると、習近平の考えとしては、昔の成長路線に戻ることができないなら、経済を統制下に置くことができるので戦争をやったほうがいい。もう1つ、戦争をやってあえて西側の制裁を招くということもできます。その時点で経済がダメになって国民が苦しんでいたとしたなら、西側が制裁をしたからだと言えるわけです。

峯村　他人のせいにもできるのですね。習近平政権の外交政策の基本方針は、すべてアメリカが悪いことにするということです。香港問題もアメリカが背後で操作したもので、白紙革命もアメリカの陰謀だと主張している。

石　コロナウイルスでさえアメリカが悪い。しかも、それを本気で信じる国民がけっこう多いのです。

峯村　となると、むしろ制裁してくれればありがたい。「俺たちは苦しめられて、また虐められる。アヘン戦争の二の舞いだ」ということで政権運営は楽になるのです。全部アメリカのせいにした方が求心力が高まるわけです。

私が習近平だったら今日、台湾侵攻をやります。それくらい今はチャンスなのです。なぜなら日本は今ごろやっと防衛費をGDPの2%にしようなどと重い腰を上げた。日本は台湾有事に対してこれまで何の準備もできていないのです。早ければ早いほど中国にとっては有利になるのです。これが5年後だったら話は違ってきます。日本もさすがに準備ができてしまうでしょう。

石　むしろ時間が経てば経つほど、台湾侵攻は難しくなります。台湾も年々軍備を増強していくわけです。

峯村　当然、アメリカも台湾有事に備えてかなりの準備を進めています。だからこそ今日やったほうがいい、と習近平が判断しかねないのです。合理的に考えたらそうなります。

毛沢東は憧れの存在ではなく超えるべき存在である

石　このように、習近平は台湾侵攻を成功させ、偉大な指導者になりたいと考えている。

さらにその先を見据え、抱いている野望とは何でしょうか。

習近平はこれまで政策理念として「中国の夢」「民族の偉大なる復興」「南シナ海の軍事拠点化」「一帯一路」などを提唱してきました。最後は「人類運命共同体」まで持ち出しています。習近平は本気で中華帝国の栄光を取り戻そうとしていると思いますか。

峯村 当然です。「中国の夢」イコール「中華帝国の栄光を取り戻すこと」だからです。習近平と石さんはいくつ違うのですか。

石 彼のほうが8つ年上です。

峯村 たぶん習近平の世代を特徴づけるファクターにはやはり文革があります。また、貧しい時代をよく覚えていますよね。だからこそ「俺たち何でこんなに貧しいのか」と不満を抱いてきました。それで「貧しいのは西側諸国に屈辱を与えられてきたからで、それを払拭しなくてはいけない」という気持ちも、すごく強い世代ではないでしょうか。

石 おそらくそれは当時の教育の影響も大きいでしょう。我々の時代までは共産党の正統性を主張するのは共産主義のイデオロギーでした。もう1つは、例えば「毛沢東が天安門で建国の宣言をできたのも中国国内の文脈では中国人民が立ち上がったからであり、そう仕向けた共産党は凄い」ということでした。

この背後には、1949年10月1日まで中華民族はずっと虐められ半植民地化されたりして昔の栄光を失った、という歴史観があります。だから、すべてを取り戻すのは1949年10月1日からだということになったのです。

おそらく習近平にも、そういう考え方の継承者だという意識が強いと思います。

峯村　同感です。文革世代は十分な教育を受けられなかった人が多い。さらに毛沢東の個人崇拝キャンペーンも盛んでした。

石　当時を知っている国民の認識は「毛沢東時代の中国はすごかった」ということになります。

峯村　とにかくすべては毛沢東なのですね。石さんの世代はそこまではないですか。

石　我々の世代は、自分たちの世界観や人格が完全にできたのが「ポスト毛沢東」のときでした。

峯村　毛沢東は教科書のなかの存在だったのですか。

石　いやいや、我々の世代でも毛沢東はすごかったですよ。とはいえ我々の世代が体験したのはポスト毛沢東であり、文革についてもあれほどいろいろな意味で人々が苦しんだ悲惨な時代として位置づけて振り返ってみるということでした。

峯村　まさに7対3ですね。毛沢東は70%いいことをしたが、30%の過ちをしたという共産党の評価のことですね。客観的に見ることができている世代でもありますね。世代観が重要だと私は思っています。7対3ではなく10対0の世代、つまり文革中に青春時代を送った世代は、やはり毛沢東はすごいというインパクトが大きい。習近平もその典型です。だからこそ毛沢東にこだわり、そして超えようと試みるのだと見ています。

石　そういう視点からであれば、習近平の国内政策と外交政策の両方を理解できるかもしれませんね。

峯村　理解できるでしょう。外交では一帯一路があります。

石　同様に国内では共同富裕があるのですね。共同富裕のためにも民間経済をある程度押さえつけなければならない。それで改革開放のマイナス面も正さなくてはいけない。とすれば習近平にとっては、腐敗摘発は権力闘争の道具であると同時に、おそらく本当にやらなければならないものなのです。

峯村　習近平にとって、毛沢東は畏怖と恐怖の象徴なのです。だからこそ、習近平は毛沢東になるだけではなく、超えなければならないと考えている。そのためには、台湾統一しかないのです。

台湾有事で日本が隙を見せたら中国は必ず攻撃してくる

峯村　これから台湾情勢の緊迫化は避けられません。でも、日本の準備は緒に就いたばかり。今、台湾有事になったら、日本はお手上げでしょう。台湾有事で本当にカギとなるのは日本なのです。下手をすると、最大の被害者はアメリカでも台湾でもなく、日本になることを懸念しています。

私は、台湾有事については一般的な「日本巻き込まれ論」の立場で議論しているのではありません。日本は自動的に巻き込まれるのです。まずそのことを日本の政府や人々は自覚することが大事なのです。

日本の最悪のシナリオは、中国からの圧力を受けて日本の米軍基地が使えなくなってしまうことです。だからこそ、中国は日本に対して最大限の圧力をかけてくるでしょう。言い換えれば、台湾有事は日本を封じ込めてしまえば終わるのです。

だから、安倍元首相が言ったように「台湾有事は日本の有事」なのです。台湾有事とは、日本とは関係のない台湾海峡で勝手に中国と台湾が戦争したり、アメリカが参戦したりするわけではありません。米軍の艦艇や航空機が出現する最大の拠点は日本の米軍基地なのです。先日の米シンクタンク「戦略国際問題研究所（CSIS）」が実施した机上演習でも、米軍が日本の基地を使えなければ「効果的に台湾有事には参戦できない」と結論づけています。

また、この安倍元首相の発言のときには、「自衛隊も米軍と一緒に台湾に行くのか」と批判する人もいました。そもそもアメリカもそれを日本に期待していません。いざ台湾有事が起きれば、海兵隊が自衛隊にはお構いなしに突っ込んでいくはずです。

石　その安倍元首相の発言は2021年12月1日に台湾のシンクタンクが主催したフォーラムで出たのでした。中国側もよくわかっていて、中国外交部が間髪を入れずその日のうちに在中の日本大使を呼び出して厳重に抗議したのです。

峯村　中国も当然しっかりと研究しています。在日米軍基地が使えないと、米軍はちゃんと台湾有事に軍事介入できないこともよくわかっています。別言すれば、台湾有事では米軍が在日米軍基地を満足に使えるかどうかが、すべての鍵になるのです。

もっと具体的に言えば、アメリカの第7艦隊が出てきたとき、それをサポートする役割を日本がいちばん求められています。しかしもし、習近平が「米軍が横須賀、佐世保、嘉手納の各基地から我が国に対して出撃したら、日本もアメリカに対する攻撃に加担したと見て、東京にミサイルを打ち込んで火の海にする」と言ったらどうしますか。これでゲームは終わりです。東京にミサイルを打ち込まれたら何もできません。

それを考えると、日本が早急にすべきなのは、ミサイルなどによる脅しに屈しないような体制をつくることです。シェルターの設置のほか、抗堪化と呼ばれる滑走路や格納庫をミサイルにやられにくくすることが重要です。さらにやられた後の反撃能力を持つことも不可欠です。そういう意味では、国家安全保障戦略など新たな防衛3文書は、小さいかもしれませんが、重要な一歩を踏み出したと言っていいでしょう。

石　しかし台湾有事に対する切迫感がまだ日本人には足りませんね。中国はどんどん軍費を増やしているのに、「防衛費を増やすと戦争が起こる」などと言っている日本人もいます。

峯村　まさに私が最も心配しているのが日本人の意識です。今ですら某新聞記者や評論家が「勝てない中国との戦争に絶対加わるべきでない」と言っています。いくら呪文を唱えても戦争を防げるわけではない。抑止こそがすべてなのです。

今回のウクライナ戦争の最大の教訓は、核兵器を持った国に対して抑止が破れてしまうと、国際社会は難しい対処に迫られる、ということでしょう。日本が防衛力をアップしたり、シェルターをつくったりしたら、戦争に巻き込まれるというのは真逆なのです。中国が安易に手を出させないようにすることが極めて重要であり、こちらが隙を見せた瞬間、中国はやってきます。とにかく時間がない。早急に抑止力を強めなければなりません。

ただ、ウクライナ侵攻をめぐっては、「ロシアもウクライナもどっちが悪いとはいえない」などという専門家やコメンテーターを散見します。信じられないですね。こういう人たちは、台湾有事の際にも「中国も台湾もどっちもどっちだから肩入れすべきではない」というようなことを言い出すのが目に見えています。

石　峯村さんのご意見に全面的に賛成です。民主主義国家は戦争に失敗したら政権交代すれば済みます。独裁国家の習近平には政権交代はあり得ません。習近平にしても唯一信じているのは力の論理であって、相手の力が強くて反撃されたら負けるとわかっていれば、愚かではないから攻撃はしてきません。けれども、相手が弱いとわかると攻撃してきます。

峯村　独裁者にとって最も重要なことは政権を持続させることであり、それを支えるためのパワーです。だからこそ軍事力や国内治安に莫大なカネを投入するのです。

だからこそほとんどの独裁者は徹底的なリアリストであり、パワーの信奉者なのです。

もちろん国同士の戦争や紛争を防ぐには外交も大事です。その場合、あくまでも強力な後ろ盾があることが大前提です。軍事力があって初めて対話が成立するのです。

以前に比べて危機意識がかなり高まった自民党国会議員

峯村　私は２０２０年に月刊誌『文藝春秋』に「習近平の台湾併合極秘シナリオ」という記事を寄稿しました。このとき、「２０２４年に台湾有事が起きる」という想定で書きました。この年の１月には台湾総統選、11月にはアメリカの大統領選があるため、「権力の空白」と見た中国軍が挑発する可能性があると見ているからです。

この私の見立てにアメリカ軍でも同調する幹部が出てきました。米空軍で輸送や給油を担当するマイク・ミニハン航空機動司令官（空軍大将）が台湾有事について「私の直感では、２０２５年に戦うことになると思う。大統領選で気の抜けたアメリカを中国の習近平に見せることになるためだ」と記した内部メモがＳＮＳ上で拡散されました。やはり、24年の選挙がトリガーになるという見方です。

いずれにしても、習近平が「今なら併合できる」と判断すればいつでも着手するのは間違いありません。台湾をはじめ、日本やアメリカはそう思わせないことに全力を注ぐべきです。もはや眠たい議論を言っている場合ではない。

石　習近平にとっての最大のリスクは、台湾侵攻が失敗に終わることですね。そこで、日米あるいは台湾自身が習近平に「台湾に手を出したら失敗するぞ」ということをわからせなければなりません。

しかしそれを口で説得するのは無理であって、やはり失敗させるような実際の軍事体制をつくる必要があります。習近平が台湾に手を出したらアメリカが反撃する、日本も手伝う、台湾も全力で抵抗する。

おそらく中国はまず、「台湾有事のときに軍事基地をアメリカに使わせたら東京が火の海になるぞ」と日本を恫喝します。確かに日本人ならば誰でも東京の火の海など見たくない。犠牲になるのも一般の国民です。そうならないためにどうするか。戦略的に考えると反撃能力が必要です。反撃する能力がなければ、「東京を火の海にする」という言葉が威力を持ってしまいます。

峯村　現状のままなら、やはり東京は中国によって火の海にされかねません。

石　理論的に言うと、日本も北京を火の海にすることができるなら、中国も簡単に東京を火の海にすることができなくなります。私の意見は、どんな形であっても、「核シェア」という形であってもいいので、日本は核武装すべきだということです。

中国人はよくわかっています。ネットの書き込みでも、シンクタンクの人々も「日本は核攻撃にいちばん弱い。国土が狭い。東京に一極集中している。東京、名古屋、大阪の3都市をやられたら日本は終わりになる」と言っているのです。

中国の恫喝に屈しないためには、究極の反撃能力である核を持たなければなりません。ウクライナの最大の失敗は、冷戦終結後に核を全部返上してしまったことです。ウクライナが3発でも返上せずに核を持っていたら、今のような状況にはなりませんよ。不覚にも核を手放してしまいました。

日本はアメリカから核を1~2発レンタルしたらどうか。核を持っても使いません。いちばん核攻撃に弱いのは相手が核を持って自分は持たないという国です。

中国が在日米軍基地を米軍に使わせないために、日本に恫喝をかけてきたときにどう対処するか。この問題では少なくとも核を保有するかどうかという議論をすべきです。議論するだけでも一種の抑止力になります。最初から持たないとなると、日本をやっつけろということになってしまうのです。

峯村　私が本当に心配なのは、いまだに日本の専門家ですら「台湾有事は起こらない」と主張していることです。中国は着実に台湾併合に向けた準備をしているにもかかわらず。真剣にアメリカと中国の当局者や軍人と意見交換をして、事実を重ねていないからこそ、根拠のない自信があるのでしょう。

私が2020年に『文藝春秋』の論考を発表した時、「危機を煽っている」とか「朝日のネオコン」とかさんざん叩かれました。早すぎるスクープだったからでしょう。

もっとも、その記事を読んだ自民党のある部会から「台湾有事について講演をやってほしい」と頼まれました。以前の日本では台湾問題はタブーであり、特に台湾有事は最もセンシティブな話なので、考えてもいけないという雰囲気でした。台湾有事について堂々と議論できるようになったのですから、雰囲気はだいぶ変わったものです。

石　では、すんなりと講演はできたのですね。

峯村　いえ、「台湾有事と日本の対応」というタイトルで話そうとしたら、この自民党の部会ですら「有事という言葉は使わないでくれ」と言うのです。「有事を使わないなら、何て言えばいいのですか。台湾戦争ではどうですか」と反論したら、「台湾戦争なんてもっとまずい」と苦い顔をされてしまいました。有事の話をするのに有事という言葉が使えないのはおかしい、と説得して、何とかゴリ押しして講演をやりました。わずか２年前でもそんな状況だったのです。

しかし当時に比べると今は国会議員の意識もかなり高まってきて、質問のクオリティもすごく上がりました。総じて自民党の国会議員の危機意識は上がっているという感じがします。

また、日本と台湾の政治家同士の連携も急速に進んでいます。日本では中国大陸に行く議員よりもはるかに台湾に行く議員のほうが多くなっています。これも最近の象徴的な出来事です。

中国に精通していても台湾有事はないという論拠は見つからない

峯村　私としては、「台湾有事はない」と言っている人たちの主張に耳を傾けるようにしています。けれども、これまでそれを裏付ける説得力のある証言や証拠は１つも聞いたことがありません。

では、台湾有事が起こることについて最も信憑性が高いものは何かというと、やはり習近平の発言です。彼は２０１２年に「中国の夢」を提唱したときからずっと「祖国の統一」を訴えています。10年以上にわたり台湾統一を公言しているわけです。

軍事作戦を含めたすべての政策を決められる独裁者本人が「やる」と言っているのにどう反論できるのでしょうか。反論できないからには安易に「台湾有事は起こらない」という無責任な発言をすべきではない。

石　まったく同感です。日本は危機意識がなさすぎます。

峯村　本当です。それは何なのか。安易な楽観論には認知バイアスがかかっています。つまり、見たくないものは見ないだけなのです。

石　危機感を喚起するためにも我々の活動が大事になりますね。もちろん結果的に我々が心配することが起こらないのなら、いちばんいいですよ。

峯村　我々の予測が外れるのはいいことなのです。国際政治や安全保障というのは博打ではありません。だから「予測が当たった、外れた」ではなく、目の前の現実を真摯に見て対策を取ることが大切なのです。現実の問題を直視してその対策を取ることが最優先なのです。

石　例えば「台湾有事が起きるぞ、起きるぞ」と発信して、その問題意識をみんなが持つ。それによって台湾有事を防ぐためのいろいろな措置が取られ、結果的に台湾有事が起こらなかったら、最初に問題提起したことに大きな意義があるのです。

我々の危機の認識は現実にならないほうがいいに決まっています。けれども最初から危機意識を持たなかったら本当の危機になってしまうのです。

峯村　やはり独裁者の言葉は本当に大きい。習近平は台湾統一については就任以来ずっとブレていないのです。専門家に「私は台湾有事が起こらないと思う」と言われても信じることができません。たとえ「習近平氏に直接聞いてきた」と言われてもです。

石　根拠のない主張は単なるスローガンです。先に話題になりましたが、中国のタクシー運転手のほうが日本のテレビのコメンテーターよりも現実を見ています。政治や軍事の力関係のこともよくわかっているのです。

峯村　安全保障はすべて根拠が必要です。習近平はずっと台湾統一を言っています。さらに、党大会での政治活動報告という最も重要なところでも、「祖国を統一しなければならない」と宣言しました。このファクトはものすごく大きい。それを打ち消す材料は今、私は持ち合わせていません。

私はすでに17年間にわたって、台湾有事を含めた中国軍の動向を取材、研究しています。

中国人を除いては、台湾有事について最も詳しい専門家だと自負しています。そんな私にも台湾有事が起こらないという論拠が見つけられないのです。

中国は台湾併合に備えて、民間の力を取り入れる軍民融合を進めています。もう日本の安全保障は３周も４周も遅れているのが実情です。しかも自衛隊の隊員の人数確保が難しくなっていますし、国内の武器産業も細ってきています。そうした問題を一つひとつ解決しようと真面目に取り組んだら、防衛費ＧＤＰ２％のレベルではとても足りません。日本はまだ何もしていない状況です。

だから最近、私はいろいろなところで「このままなら戦わずして負ける」と言っています。残念ながら、台湾有事での日本はこの確率がいちばん高いと非常に危惧しています。

石　今回、多くの重要な問題の焦点が浮き彫りになりました。この対談は日本人の意識を覚醒させることになると期待しています。

終章
偵察気球が導く米中断絶

米軍が撃墜したグレーゾーンを飛ぶ偵察気球

石　2023年1月28日に中国の偵察気球がアラスカ上空に飛来しました。その後、カナダ上空を飛んで南へとアメリカ領土を縦断してきたところを、2月4日に米軍機に撃墜されました。気球の大きさは最大約60メートルで、サウスカロライナ州の沖合約10キロのアメリカの領海に落下したのです。これは米中関係にとって歴史的な大事件になると直感しました。

峯村　今回の経緯について、アメリカ政府幹部に話を聞く機会がありました。中国人民解放軍は最近、台湾やグアム周辺に監視や偵察の目的で、頻繁にスパイ気球を飛ばしており、その1つがコースを外れてアメリカの本土に飛来したそうです。この気球が中国の海南島から放たれてから米本土に飛んでくるまで、アメリカ軍の偵察機が追跡していたそうです。中国政府が「誤ってコースから外れた」と説明しているのもそのためでしょう。続いて、ミシガン州、アラスカ州とカナダでも3つの飛行物体を確認しています。これはアメリカ側が気球を見つけやすくするためにレーダーの精度を高めた結果、捕捉されたものです。しかし、3つとも最初の気球と比べると小さく、中国の偵察気球ではなく民間の気球だったようです。

アメリカ政府が撃墜の判断をしたのには3つの要因があります。1つ目はアメリカ本土が狙われたことです。過去には第二次世界大戦中に、日本軍の風船爆弾が本土を襲ったことがあるくらいです。

石 その話は初耳でした。本当に日本軍がやったのですか。

峯村 やりました。太平洋戦争のとき、日本軍は竹と和紙でつくった約1万個の風船爆弾をアメリカ本土に向かって放ち、西海岸を中心に攻撃しました。戦後では2001年9月に起きた同時多発テロ事件ぐらいでしょう。それだけ、アメリカ人は本土が攻撃されることには慣れておらず、敏感に反応するのです。

2つ目の要因は、気球が持つ戦略的な優位性です。「気球なら大した戦闘能力を持たないだろう」と考える人もいるかもしれません。けれども実は戦略的な兵器の1つといえます。空と宇宙空間との間のギリギリのところを飛ぶことができ、飛行機よりも高度が高いため、戦闘機で撃墜するのが難しい。その点で国際法上も領空にあたるかどうかグレーな高さでもあります。また、アメリカ軍関係者に聞くと、レーダーで見ると小さなほこりぐらいの点にしか見えず、発見が非常に難しいそうです。

例えば、気球に高出力の電磁波を出すＥＭＰ（電磁パルス）爆弾や生物・化学兵器などを搭載したら、どうなるでしょうか。相手国に発見されないまま、大規模な攻撃をすることができます。しかも人工衛星のように早く飛ぶわけではないので、ゆっくりと広範囲に攻撃をすることができるのです。

３つ目は、中国問題が共和党と民主党両党のいちばんのマターになっていることも関係しているでしょう。当初、バイデン政権は偵察気球を撃ち落としたくはなかった。もし最初から撃墜するつもりがあったならば、人口が少ないアラスカ上空あたりで撃ち落としたほうが安全だったでしょう。

しかし、トランプをはじめ共和党議員から「何をやってるんだ。迎撃しろ」と責められて、撃墜せざるを得なくなった側面もあります。

石　マスコミは偵察気球と呼んでいて、確かにスパイとしての偵察の機能はあります。その一方で、実際の戦闘面での効果もあると考えられますか？

峯村　考えられますね。今回の気球は、米軍の最新鋭ステルス戦闘機Ｆ22ラプターが発射した空対空ミサイルのサイドワインダー１発によって撃墜されました。このミサイルの価格を計算したら、1発40万ドル（約5200万円）もするのです。撃墜には価格が1機2億ドル（約260億円）近くもするF22が2機出動しました。

そのほかに給油機なども飛んでいますから、これらを考えたら多額のコストがかかります。一方、中国の気球は1つ数百万円程度です。何百も気球がアメリカ上空に飛来して、それらを撃ち落とすとなると、アメリカ側はものすごいコストをかけなければなりません。まさにコスト面での非対称戦を強いられるのです。

ワシントンの中国大使館にはインテリジェンス能力がない

石　もし気球を戦略的な武器として使うならば、中国共産党政権も長期的なプランを立てるはずです。実際にそうしたプランが、とっくに始まっていると見ていいかもしれません。

峯村　日本の仙台に中国の気球が飛んできたのが2020年6月でした。少なくともあのときから始まっていると思います。

石　習近平政権は第3期目に入ってからずっと対米関係改善の模索をしてきました。まず昨年11月にインドネシアのバリ島で、習近平はバイデンと米中首脳会談を行いました。そして先に述べたように、年末に新しい外務大臣を任命しました。さらに今年に入ってから国務長官のブリンケンが、2月6日に中国を訪問することになりました。イギリスのフィナンシャル・タイムズ紙は、「ブリンケンの訪中では、習近平自ら会談に臨む」とも伝えていました。

ところが、偵察気球事件が起きたために、ブリンケンの訪中は延期になってしまった。この事件はまったく偶然に起きたのか、それとも何かの動きと関連があるのか。

峯村　今回はやはり偶然というか、たまたまこのタイミングで偵察気球が見つかってしまったのだと思います。習近平にとってまったく得はありません。

石　得どころか、彼の対米関係改善の計画も頓挫してしまいました。

峯村　中国側は「アメリカがわざと気球を撃墜して中米関係を壊した」と主張しています。ただ、これも違うでしょう。アメリカにも対中関係を壊す理由はまったくありません。中国が日常的に偵察気球を飛ばしていたのに、日本もアメリカも見つけられなかった。今回は偶然、アメリカの偵察機が発見したというのが真相でしょう。

石　バイデンが撃墜したくはなかった、というのは外交的な配慮ですか。

峯村　そうだと思います。習近平と同じで、バイデンも米中関係改善の雰囲気を壊したくなかったのが本音でしょう。しかし、共和党をはじめとする議会がそれを許さなかった。私が昨年11月にワシントンに行ったとき、中国とはいかなる妥協も許されないという雰囲気を議会や政府の関係者の間で共有されていることを感じました。だから、気球を撃墜しないわけにはいかなかったのです。

石　バイデン政権は今のタイミングでは何の動きもできないとしても、時間をおいて熱が冷めてから、対中関係改善を模索するのでしょうか。

峯村　模索したいでしょうが、なかなか難しいでしょう。今回の気球には電波の傍受装置をはじめとする偵察機器を積んでいました。しかも、それが故意ではなかったとはいえ、米本土に飛んできた。私のアメリカの友人も「絶対に許さない」と言っていました。

石　であれば、今回の事件は米中関係の性格を根本的に変えるきっかけになりますね。今回の件で、アメリカ人の中国に対する認識は、これまでの競争相手から敵国へと変わるかもしれません。

峯村　おっしゃる通りです。私のイメージでは「そうは言っても中国は大事だよね」という最後の一線がパンダハガーの人たちにはありました。ところが、今回の事件でそういう人たちでもプチっと切れてしまったのです。

石　アメリカ国内でも大騒ぎになっているのですか。

峯村　アメリカのメディアは頻繁に報じていますし、SNS上でも話題になっています。

石　中国側は、偵察気球によって脅威を受けたアメリカ人たちが、敵に回ってしまうということを意識しているのかどうか……。

習近平政権の立場だと、今のタイミングで偵察気球事件を起こしたのではありません。戦略的に以前から偵察気球を飛ばしてきていて、たまたまブリンケンの訪中の前に見つかってしまったわけです。しかし今後、米中の両政権が対話の道を模索しても、今回の事件で米中関係は大きく変わって、後戻りはもうできなくなったと言えますね。

峯村　確かに、今のいろいろな証拠や動きを見ていると「後戻りができない」という蓋然性は高いです。

さらにアメリカでは、来年の大統領選が近づくにつれ、中国問題はクローズアップされるようになるでしょう。にもかかわらず、中国側はそれをきちんと認識していません。なぜかというと、今の在米中国大使館にインテリジェンス能力がないからです。だからワシントンの雰囲気もきちんと習近平に伝わっていません。中国側の大きなミスですね。

石　習近平政権が問題の深刻さを認識したとして、状況を挽回し今回の事件の影響を最小限に止める手はあると思いますか。

峯村　私が習近平の外交顧問だったら、「すいません。挽回の手はありません」と言うしかないですね。今年2月にブリンケンが外交を統括する政治局員の王毅と訪問先のドイツ・ミュンヘンで会談しました。しかし、両者の意見はすれ違っています。しかも、中国がロシアに攻撃型ドローンを含めた兵器を供与しているという疑惑も浮上しています。今後、米中間の対立は高まるものと見ています。

「なぜ没落していくアメリカに遠慮しなければいけないのか」

石　その一方で今回の偵察気球事件を、「米中関係を徹底的に壊してでも、アメリカと戦う方向へ持っていく」と考える勢力が、中国側で仕掛けたことだとすれば、成功したことになりますね。

峯村　たしかに、そう考えている中国側の人がいてもおかしくはありません。しかし、私には現時点で、そんな大胆な策を実行できる人物が、具体的に思いつきません。

石　戦前の日本には「2・26事件」を起こしたような青年将校たちがいて、結局、中国やアメリカと戦争をせざるを得ない方向に国を動かしました。同じようなことが中国で起きる可能性は否定できますか？

峯村　はっきりと否定できる材料はありません。外部からは人民解放軍の状況は本当にわからないのです。当時の日本で、「2・26事件」が予測できたかと言うと、ほとんどの人は予測できませんでした。それと同じような感じです。

石さんの話にあえて付け加えれば、今の中国でもかつての旧日本軍と同じような青年将校の問題を抱えています。30代、40代のこれから人民解放軍の中枢の幹部になっていく人たちにとっては、生まれたときから中国は強くて豊かな国だったのです。だから、「なぜこんなに強い国が、没落するアメリカに遠慮しなくてはいけないのか」と本気で信じています。

軍人だけではありません。私の大学の教え子の中国人留学生の多くもそういう傾向があります。この世代は、石さんたちの世代のように、「貧しくて草を食べて飢えをしのいだ」という厳しい状況を経験していません。

生まれたときから素晴らしい空港があって、快適な高速鉄道が走っています。にもかかわらず、「なぜアメリカに遠慮しなければいけないのか、なぜあのちっぽけな台湾を奪い取れないのか」と本気で思っています。そのような人々が、中国のマジョリティを占めつつあります。

石　とすれば、それが今回の事件だけではなく、習近平政権スタート時以来の、中国の対米強硬姿勢の背景にあるということですか。習近平政権が特別にアメリカに対して敵愾心を持っているのではなく、中国社会全体の雰囲気が変化したということなのですね。

峯村　そうでしょう。習近平自身は短期間とはいえアメリカに住んだことがありました。自分の娘もアメリカに留学させたわけです。私がワシントン特派員だった時に米中首脳会談のために訪米した習近平一行の取材をしたことがあります。外交儀礼もあったでしょうが、今のようにアメリカをののしったり批判したりすることはほとんどなく、むしろノスタルジーにひたっているように感じていました。

だから習近平個人が強烈な反米だとは思いません。むしろ、若い青年将校たちの高まる愛国心をどう抑えていくか、難しいかじ取りを強いられている状況なのではないでしょうか。

石　習近平もここ5〜6年間はすごく反米的になったり、逆に融和を模索したりしてきました。彼自身の対米姿勢も常に揺れているのです。

偵察気球事件の場合、長期的な視点では今後のアメリカの出方によっては中国国内がアメリカに対してますます強硬になっていく可能性はありますね。

峯村　中国の世論を見ていても、反米的な世論は非常に高まっています。私は今回、中国政府は報道統制をもっと強化するものと予想していました。しかし、逆に国民の反米感情をむしろ煽っているのです。これは驚きです。「アメリカが偵察気球を撃ち落とした。許せない」という雰囲気を醸成しています。

石　偵察気球事件以来、人民日報も毎日、「アメリカは必ず失敗する」といった内容の論評ばかりを載せています。

峯村　そうですね。人民日報こそもっと抑制的な書き方をすると、私は考えていました。2001年4月に海南島付近の南シナ海上空で、アメリカと中国の軍用機同士が空中で衝突した事件がありました。中国の軍用機が墜落しパイロットが行方不明になり、アメリカの軍用機も損傷して海南島に不時着し、パイロットは中国側に身柄を拘束されました。この事件で一時的に米中の軍事的緊張が高まったのです。けれども、人民日報を初めとした中国の官製メディアは、報道のトーンを抑えました。しかし今回の偵察気球事件では逆に煽っています。

対米関係が壊れているから台湾に侵攻する

石　そうなると、中国の世論を受けた習近平は、明確に反米へと舵を切ることもあり得ます。その結果、ロシアに行ってプーチンと会談し、軍事的な協力をするという一線を超えるかもしれません。となると将来的には、完全に米中が軍事的に敵対する可能性も高まってきます。

峯村　おそらくそういうことを唯一止めるきっかけになる可能性があったのが、2月に予定されていたブリンケンの訪中でした。取り返しの付かないほど米中関係が悪化するのではないかというギリギリのところで対話をしようとしたわけです。ところが気球問題で延期となりました。ミュンヘンでの会談も関係改善どころか、対立ムード一色でした。

石　米中関係のさらなる悪化は避けられないのですね。では、今後のアメリカの出方はどうでしょうか。中国に対して先端技術の封鎖をさらに強めるのか、国防的なことにいろいろな対策を取るのか。

峯村　アメリカとしては、半導体などの経済安全保障的な規制強化を淡々とやってきています。今後、米中関係がどうあれ、それはどんどん進んでいきます。ただ外交面で言うと、これまで「良くなって、悪化して、また良くなって」と繰り返してきたのが、これからは、良くなる要素はなくなってきました。あとは悪くなる一方です。

石　もう少し長いスパンで考えると、鄧小平の改革開放政策以来、中国は単なる外交ではなく国家戦略と完全にリンクさせてアメリカと良好な関係をつくるという路線を進んできたのです。鄧小平は「アメリカと仲の良い国はみんな豊かな国になった。だから我々もそうせざるを得ない」と話しました。これを基本的な軸として、江沢民政権も胡錦濤政権も運営されてきたのです。

胡錦濤時代、共産党の常務委員を務めた李長春が冗談半分に「我々は地球上では大自然を敵に回してはいけない。中国国内では共産党を敵に回してはいけない。国際社会ではアメリカを敵に回してはいけない。この3つさえちゃんとやればうまくいく」と言っていました。

その点、習近平政権はこの10年間ずっとアメリカとの関係を悪くするよう、いろいろな政策を行ってきました。今や中国の国内政治にとっても外交にとっても、米中対立にとっても新しい時代に入りました。この歴史的な意味は大きいでしょう。

峯村　それは実は既定路線だったのではないですか。習近平が2012年に「中国の夢」を政治スローガンに掲げた時点で、「今後37年以内にアメリカと肩を並べる強国となる」と宣言してから米中対立は決定づけられたといえます。今回の偵察気球事件も、実はその延長線上で起きた帰結だった。

石　峯村さんからすれば、習近平の方針転換というより戦略の背後にある発想の転換ということですね。それは中国にとってよかったのか、ただの馬鹿げた話なのか、それとも、早すぎたことなのか。

峯村　私は早すぎたのだと思います。アメリカに追いついて追い越したいという「中国の夢」のコンセプトを打ち出すのが早すぎた。もう少し韜光養晦をしていた方がよかったでしょう。

韜光養晦では頭を低くし、バカなふりもしなければいけない。この考えは日本人にもなかなかわかりづらいし、ましてアメリカ人となると全然理解できません。あのまま10年、韜光養晦をやっていれば、アメリカを完全に騙すことができたのです。

石　もし習近平が10年間我慢してそのまま韜光養晦を持続していたら、アメリカは今になって気が付いても、もうどうにもならなかったということですね。

そして今、偵察気球事件に関連して「米中関係は小さなボールから始まって、大きなボールで終わってしまった」という話が、中国のネット上で非常に話題になっているのです。小さなボールというのは、米中接近のきっかけとなった「ピンポン外交」のことで、大きなボールが、今回の偵察気球のことです。

峯村　これはセンスがよい言い回しですね。どちらのボールも白いですよね。

石　そして、米中関係が「終わってしまった」とすれば、台湾問題に関してはどの方向に加速すると思いますか。すなわち、台湾を統一する方向か、ためらう方向か。

峯村　やはり台湾統一を実現する方向に加速するでしょう。繰り返しになりますが、今回の事件で、本来なら官製メディアは国民を抑えなければいけないのに、逆にアメリカへの憎しみを掻き立てています。

まさに人民日報が国内のナショナリズムに火を点けているという意味で、このキャンペーンは非常に重要です。アメリカへの憎悪を掻き立てることで、台湾併合に向けた動きを加速させる意図が見え隠れします。

石　私も同感です。米中対立は取り返しのつかないところまで来てしまいました。それが今回の偵察気球事件の歴史的意味であり、台湾有事も早めてしまうことになるでしょう。

峯村　台湾問題イコール対米問題である、と中国共産党の思考を理解することが重要です。この2つは比例関係にあり、中国は対米関係が悪化すると台湾に強硬姿勢をとる傾向があり、逆も真なりです。

石　結局、中国が台湾統一をためらう最大の要素は、アメリカとの関係だということですね。

峯村　その通りです。したがって中国としては、「対米関係が壊れているのであれば、もう台湾併合に動いてもかまわない」というロジックになるのです。

石　よくわかりました。私たちはまさに今、世界の歴史が動いているのを目の当たりにしているということですね。

あとがき

特派員をしていた米ワシントンから帰国して4年余り。日本の中国関連の学会や講演会で研究者や専門家らと議論していて、違和感を覚えることがしばしばある。

「習近平と李克強との内紛が始まった」「ウクライナ侵攻に苦戦するプーチンを見た習近平は台湾侵攻を諦めた」……。

「習近平一強体制」が確立したにもかかわらず、いまだに陰謀論まがいの「権力闘争観」で中国共産党を分析する見方や、台湾有事をめぐる根拠のない楽観論など、ワシントンではおよそ聞いたことがなかった解説をしばしば耳にする。昨年10月の中国共産党大会の閉幕式で、胡錦濤前国家主席が〝退場〟した事件についても、多くの日本の専門家は「病気によりやむなく退場した」という中国公式メディアの発表文を鵜呑みにしたような解説がなされている。

中でも奇異に感じたのが、党大会の翌月に起きた「白紙革命」をめぐる日本メディアの報道や専門家の解説だ。現地からの報道も十分とはいえず、「抗議活動はすぐに収束したからたいした問題ではない」という言説が語られていた。あまりにも過小評価をしている、と私は感じざるを得なかった。

私は当時、中国のスマートフォンを使って投稿をつぶさに分析していた。当局が書き込みをしらみつぶしに削除していたものの、投稿の速度に追い付かず、「習近平退陣せよ」「共産党下野しろ」といった映像が少なからず出回ったのを確認した。中国全土に張り巡らせた約20億台の監視カメラと大量の監視員を動員したネット規制による鉄壁の監視体制がもろくも瓦解した瞬間だった。

これを受け、習近平政権はわずか1週間余りで、看板政策だった「ゼロ・コロナ政策」の事実上の撤回を余儀なくされたのだ。

習近平の母校、清華大学を始め10以上の大学でデモが行われた。こうした状況から、「白紙革命」は１９８９年の天安門事件を想起させた。それに匹敵、もしくはそれ以上のインパクトを中国共産党に与えているのではないか、という仮説を私は持つようになった。

そんな矢先、石平氏から対談のお話をいただいた。２０１８年に出版した拙著『宿命 習近平闘争秘史』（文春文庫）を読んで関心を持っていただいたという。それまで石氏とは面識はなかったが、記事や論考を読んでいた。石氏の対中認識や立場は、必ずしも私の観点とは一致するわけではなかった。しかし、共産党内の内情や中国政府の政策についての石氏の分析には、学ぶところは少なくなかった。特に台湾有事の緊迫性や、「白紙革命」の重要性を説いた論考には共感する部分があった。

中でも私が石氏と議論をしたかったのが、「白紙革命」と天安門事件との比較についてだった。石氏は北京大学在学中から民主化運動に傾倒し、天安門事件にも参加して現場を熟知していたからだ。

案の定、対談で最も盛り上がったのは、第4章「白紙革命が共産党支配を揺るがす」のパートだった。石氏の説明では、天安門事件の際、「白紙革命」のような時の指導者や政府に対する直接的な批判はほとんどなく、デモ参加者も共産党支配そのものに反対していたわけではなく、むしろ共感すら持っていたという。少なくとも、人民解放軍がデモ参加者を含めた市民に銃を向けた89年6月4日までは。

もう1つ興味深かったのは、「白紙革命」の衝撃だ。それまで多くの中国国民は、政府や共産党の政策に一定程度の信頼を置いていた。だからこそ、政策や強権的な管理に不満があっても、政府の言うことを聞いていたのだという。

ところが、「ゼロ・コロナ政策」は、こうした政府と国民の信頼関係を大きく揺るがす事態となった、と石氏は強調する。それまで大規模なロックダウン（都市封鎖）や毎日のようにPCR検査を国民に強制したにもかかわらず、「白紙革命」によってあっさりこれを撤回したことで、多くの国民が政府に不信感を抱くようになったという。

私は北京で過ごした8年間、中国の政府や軍の当局者を始め、研究者や市井の人々らと昼夜問わず杯を交わして激論をしてきた。外国人でありながらも、中国人の「way of thinking（思考回路・物事の見方）」を身に染みて理解してきた。だからこそ、中国出身の石氏との対談には違和感なく議論を深めることができたのかもしれない。

最近の日本における中国問題の議論には、この「way of thinking」に欠けているのでは、と感じることがある。観念論や概念論だけでは、中国の戦略や行動様式は正確に分析できず、しばしば見誤ることになりかねない。

習近平政権が異例の3期目に突入し、今後の方向性の予測が難しくなっている。また、台湾有事が現実味を帯びてくるなか、中国分析の重要性は戦後最も高まっていると言っても過言ではないだろう。そのためには、中国人の「way of thinking」とファクトに基づいた冷静な分析がこれまで以上に求められるだろう。

読者の皆様にとって、本著がその一助になることを願ってやまない。改めて対談のお誘いをいただいた石平氏と、編集者の中澤直樹氏には謝意を申し上げたい。

2023年3月

東京・千鳥ヶ淵のほとりで　　峯村健司

【著者略歴】

石　平（せき・へい）

1962年、中国四川省成都生まれ。北京大学哲学部卒業。四川大学哲学部講師を経て、88年に来日。95年、神戸大学大学院文化学研究科博士課程修了。民間研究機関に勤務の後、評論家活動へ。2007年、日本に帰化。『なぜ中国から離れると日本はうまくいくのか』で、第23回山本七平賞受賞。著書に『バブル崩壊前夜を迎えた中国の奈落』『そして中国は戦争と動乱の時代に突入する』（以上、ビジネス社）、『「天安門」三十年　中国はどうなる？』（扶桑社）、『中国共産党 暗黒の百年史』（飛鳥新社）などがある。

峯村健司（みねむら・けんじ）

キヤノングローバル戦略研究所主任研究員。青山学院大学客員教授。北海道大学公共政策学研究センター上席研究員。ジャーナリスト。元ハーバード大学フェアバンクセンター中国研究所客員研究員。
1974年長野県生まれ。朝日新聞で北京、ワシントン特派員を歴任。「LINEの個人情報管理問題のスクープと関連報道」で2021年度、新聞協会賞受賞。2010年度、「ボーン・上田記念国際記者賞」受賞。著書に『宿命 習近平闘争秘史』（文春文庫）、『十三億分の一の男』（小学館）、『潜入中国』（朝日新書）、『ウクライナ戦争と米中対立』（共著・幻冬舎新書）などがある。

習近平・独裁者の決断

2023年4月12日　第1刷発行

著　者　石平　峯村健司
発行者　唐津　隆
発行所　株式会社ビジネス社
〒162-0805　東京都新宿区矢来町114番地　神楽坂高橋ビル5F
電話　03-5227-1602　FAX 03-5227-1603
URL　https://www.business-sha.co.jp/

〈カバーデザイン〉中村聡
〈本文DTP〉株式会社三協美術
〈印刷・製本〉モリモト印刷株式会社
〈編集担当〉中澤直樹　〈営業担当〉山口健志

ISBN978-4-8284-2511-5